蚌埠文博

第三辑

蚌埠市博物馆 编

BENGBU
CULTURAL RELICS

文物出版社

图书在版编目（ＣＩＰ）数据

蚌埠文博. 第三辑 ／ 蚌埠市博物馆编. —— 北京 ：
文物出版社，2021.6
　　ISBN 978-7-5010-6915-6

　　Ⅰ．①蚌… Ⅱ．①蚌… Ⅲ．①文物工作－蚌埠－文集
②博物馆－工作－蚌埠－文集 Ⅳ．①K872.543-53
②G269.275.43-53

中国版本图书馆CIP数据核字(2020)第251482号

蚌埠文博（第三辑）

编　　者：蚌埠市博物馆

责任编辑：智　朴
责任印制：张　丽

出版发行：文物出版社

社　　址：北京市东城区东直门内北小街2号楼

网　　址：http：//www.wenwu.com

经　　销：新华书店

制版印刷：北京荣宝艺品印刷有限公司

开　　本：889×1194　1/16

印　　张：8.75

版　　次：2021年6月第1版

印　　次：2021年6月第1次印刷

书　　号：ISBN 978-7-5010-6915-6

定　　价：180.00元

蚌埠文博

目录

第三辑

馆藏精品

1. 新石器时代双墩刻划符号

　　刻划符号，发现于双墩新石器时代遗址出土的陶片上，共600余件。其多刻划在碗底圈足内，绝大多数是陶器烧制之前刻划于坯胎之上，只有少数是烧后刻划的。按形态可分为象形类、几何类、其他类等几种类型，具体的有猪形、鱼形、蚕茧形、杆栏式建筑形、钩形及太阳形等。符号的构造具有很强的规律性。其中一部分刻划符号已初步具有汉字字根的性质，是一套具有象形、指示、表意等性质的记事符号。双墩刻划符号作为汉字的源头之一，已被社会各界专家所认可。

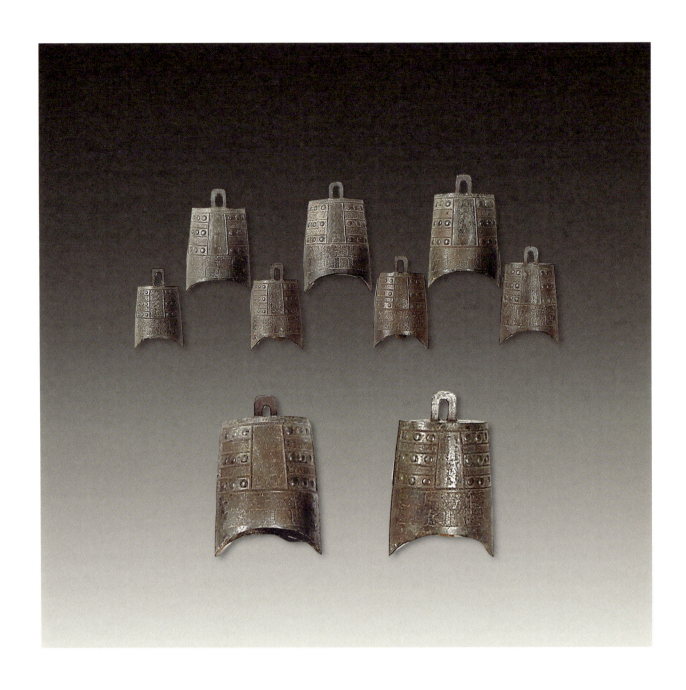

2. 春秋钟离君柏编钟

　　钟离君柏编钟出土于春秋钟离君柏墓，共9件，均为纽钟。每件钟的正面钲部均刻有"唯王正月初吉，丁亥，钟离君柏，作其行钟，钟离之金"篆字。编钟是我国古代重要的礼器之一，代表着拥有者的身份地位。不同身份的贵族，能够使用编钟演奏的音乐均不同。因此，"钟鸣鼎食之家"常被用来形容有权有势的富贵人家。一套编钟由一组大小不一、音高不同的钟组成，使用时依次悬挂于木架上，敲击以演奏音乐，多用于征战、朝见或祭祀等活动。这套编钟的发现，不仅揭示了钟离君柏墓墓主的身份，填补了史料对钟离国记载的空白，同时也为春秋时期淮河流域政治、经济、工艺水平的研究，提供了优秀的参考资料。

3. 东汉绿釉胡人陶烛台

　　绿釉胡人陶烛台，泥质红陶，通体施低温铅绿釉。因器物长期处于潮湿环境中，铅绿釉在一定条件作用下，可溶性盐类从釉层中不断析出，久而久之便形成了这种器表呈银白色的"返银"现象。座为胡人俑，浓眉、深目、高鼻、踞坐。头戴高冠，呈喇叭筒形，为插孔。双目平视，面露微笑，双手拥一童子坐于怀中。该陶俑造型简练，憨态可掬，使观者倍觉亲切，是我国东汉各民族交流的重要见证，对研究西域文化乃至中西交流史具有重要意义，且目前在全国仅存数件，就更加凸显出了它的弥足珍贵。

4. 明 "陈遇" 款荷叶纹端砚

　　"陈遇"款荷叶纹端砚是我馆收藏的一块珍贵明代端砚，砚石优良滑润，呈深紫色。砚面采用浮雕、镂空雕等技法雕刻有两片荷叶上下排列，上片卷曲形成凹槽为砚池，下片叶面展开为砚堂，双叶叶背叶柄相对，中间镂雕一莲蓬，雕刻精细，准确生动。砚旁一侧阴刻印章："居巢胡集祉珍藏"；下侧阴刻："江东明道书院静诚室第一砚　陈遇"，后有印章。

底部有较深的凹槽，该砚整体工艺精湛，构思巧妙，且保存完整，已是难得一见。又因在我国古代，端砚与歙砚、澄泥砚、洮河砚一起合称为"四大名砚"，且为"群砚之首"，收藏和艺术价值更是又上一层楼，加之是明代著名画家陈遇生前所用之物，使其价值已远远超出其文物范畴，实属难得一见之珍品。

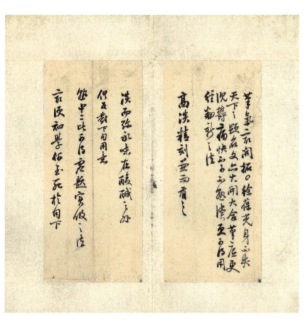
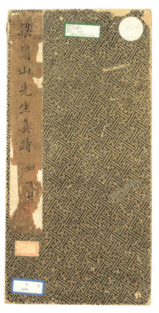

5. 清《梁巘行书论制艺手札册页》

　　清《梁巘行书论制艺手札册页》原藏于安徽省文物总店，为梁巘手录其论制艺的心得见解。制艺，即撰写科举八股文章，是古代文人参加科举考试的必修课。梁巘以语录体论述了自身对制艺文章的创作心得，以及先贤制艺文章的创作方法，虽论八股，亦可移论文章之创作。由于是条目语录，故写来自然轻松，较之写碑书作更加平淡自然。因此，无论是学术价值还是艺术价值，此册都堪称难得的精品。

　　梁巘（1710~1788年），字闻山，号松斋承晋斋，安徽亳州人，历任咸安宫教习、湖北巴东县知县，后主讲寿县循理书院。梁巘以工李北海书名于世，尤擅书碑，至今江淮各地仍存有其书写的众多碑刻。梁巘还是著名的书法理论家，有《评书帖》《承晋斋积闻录》传世。梁巘是清代以来淮河流域成就最高、影响最大的书法家，与梁同书并称"南北二梁"，一代书法大家邓石如慕名专程寻其拜师学书。

淮河古代文明

关于深化史前聚落考古研究的一点思考

以禹会遗址祭祀台基的分析为例

朱乃诚（中国社会科学院考古研究所）

我国的史前聚落考古始于对陕西省西安半坡遗址的发掘，严格地讲是于1955年第二次发掘半坡遗址开始的。当时开展聚落考古的理念，主要是实施尹达提出的要用考古资料或考古学研究来揭示氏族社会制度[1]，所以对半坡遗址进行大规模的发掘揭露。60多年来，我国开展的史前聚落考古研究取得了丰硕成果，并且总结积累了大量的经验[2]。近10多年来还开展聚落群研究，其中良渚聚落群考古研究成果，举世瞩目[3]。聚落考古已经成为我国新石器时代考古研究的一个主要的方向。

简要论之，聚落考古包括纵、横两个方面，以及单个聚落形态研究与聚落群（即一群聚落）形态研究乃至聚落群丛体（即数群聚落）形态研究等几个不同层次的研究内容。在横向研究方面，单个聚落形态研究主要是考察了解当时社会基层组织内部的结构及其相关的经济、文化等状况；聚落群及聚落群丛体形态研究则主要是考察了解当时社会基层组织外部的社会组织结构与层次及其相关的政治、经济、文化等状况，以便达到复原当时社会面貌的研究目的。在纵向研究方向，主要是考察了解聚落形态的演变与发展，即单个聚落形态的演变发展、聚落群形态的演变发展及聚落群丛体形态的演变发展，以便达到了解社会发展过程的目的。在纵、横两个研究方面，就单个聚落形态、聚落群形态及聚落群丛体形态研究这三者之间，既有研究层次上的差别，又有密切的联系。其中单个聚落形态研究是开展聚落群形态研究乃至聚落群丛体形态研究的基础[4]。

在实际的研究过程中，大家都认识到单个聚落址是由单个聚落址内的最基础的、最小考古学单位的各种遗迹组成的，这些最基础的遗迹单位犹如是组成聚落址的各个细胞组织。欲进行单个聚落形态研究，需要研究单个聚落址内各种遗迹及其之间的平面、空间关系，以及这种关系所揭示的该聚落形态所反映的社会组织、相关的功能及其各种生产、生活活动的情况。所以，聚落址内各种遗迹的研究以及各种遗迹之间的平面、空间关系的研究，是聚落考古研究的基础。这种基础性研究的精细粗略程度，直接影响到聚落考古研究成果的精确程度。

下面以禹会遗址祭祀台基的分析为例，谈一点这方面的认识。

一 禹会遗址祭祀台基的形制与结构分析以及有关问题

禹会遗址祭祀台基，是2006~2011年由中国社会科学院考古研究所与安徽省蚌埠市博物馆合作、由王吉怀主持勘探、发掘蚌埠市禹会区禹会村遗址发现的，是迄今为止淮河中游地区距今 4000 年前的一项重要考古发现。

禹会遗址祭祀台基的形制与结构，《蚌埠禹会村》[5] 已经公布了详尽的考古发掘资料，并且做了充分的分析。依据公布的资料以及研究成果，还可以作更进一步的分析。

1. 禹会遗址祭祀台基的平面形制分析

禹会遗址祭祀台基位于禹会村遗址发掘区的 I 区，呈南北向的长条形。建于发掘探方地层的第④层上面，打破第④层及生土，被第③层叠压，属于第③层最初或第④层最晚的遗迹。其建造程序是，先按照设计的形状与规模挖一浅穴式基坑，基坑深约 1 米许。在基坑内由下而上分三次铺筑土层。铺筑在最下层的是灰土，土质较硬，较纯净，土中偶有碎小陶片，厚约 0.8 米，系为小面积逐步堆筑而成。铺筑的第二层是黄土，较为纯净，有一定的硬度与密度，厚 0.15~0.2 米，其中北段较厚，南段略薄。铺筑在上层的是白土，土质细腻，纯净，不含陶片等生活类杂物，白土色彩较为鲜明，揭露之后或经风干后没有发生龟裂，可能系采用一种特殊的泥土铺筑。厚 0.03~0.3 米，其中北部厚 0.3 米，中部厚 0.1 米，南部厚 0.03~0.05 米。

由于整个祭祀台基表面满铺一层白土，使得祭祀台基的平面形制比较容易辨识。有研究者通过已经揭露的祭祀台基，对祭祀台基进行了复原研究，并在学术界引发了有关大禹治水等问题的讨论[6]。但是，我认为目前揭露的禹会遗址祭祀台基尚未全部揭露。兹分析如下。

揭露的祭祀台基呈南北向，北宽南窄，局部边缘遭后期破坏，但基本可以复原边郭。南北总长 108 米，南端最窄处宽约 13 米，由南向北逐步加宽（图一、二）。由南端向北约 38 米处（T1108 探方内），西侧边拓宽，形成的台面宽约 15 米；再往北约 18 米，东西两侧边向外拓宽（分别在 T1006、T1206 探方内），形成的台面宽 20 米许。台面的东侧边，由此点向北，基本呈直线直达台面北端的东北角。而

图一　禹会祭祀台基

台面的西侧边，由此点向北，边缘漫漶不清，可能被一条祭祀沟破坏，但可辨其边缘线大体与相对应的东侧边缘走向相同，只是向北延伸至南端向北约 87 米处（T1203 探方内），被祭祀沟的东北边缘打破；再往北，在发掘的 T1203、T1202、T1201 探方内，台面的西侧边都是铺筑的白土而没有见到台面的西侧边缘（图三）。即目前发掘揭露的这座祭祀台基的北部长约 20 米的部分，目前没有见到西侧边缘。祭祀台基北部台面的一些迹象，如两条交叉的凸岭，向西延伸，可能延伸至探方 T1202 与 T1203 以西未发掘的水泥路之下。

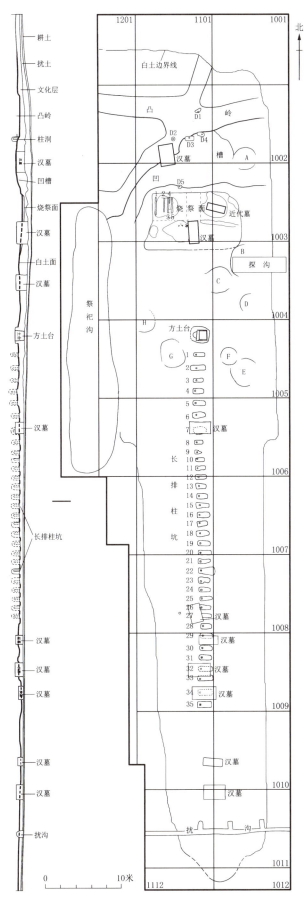

图二 禹会祭祀台基平剖面图

所以，我认为目前揭露的禹会遗址祭祀台基尚未全部揭露，祭祀台基北部西侧向西延伸部分有多大的范围，目前尚不知晓。依据已经揭露的现象推测，这座祭祀台基的平面形制，可能是呈南部边缘逐步收缩的倒"」"状或其他的形状，因尚未全部揭露，目前暂时称之为"角尺形"。

对这座祭祀台基尚未揭露部分，希望以后争取条件，继续发掘揭露，以便于对这座祭祀台基开展全面的研究。

2.禹会遗址祭祀台基的结构分析

禹会遗址祭祀台基的结构分析，主要是分析祭祀台基使用时期祭祀台基上的各种遗迹及其之间的关系。目前只能分析已经揭露的祭祀台基台面上的各种遗迹现象及其所反映的各种遗迹及其可能存在的各种遗迹之间的结构关系。

依据《蚌埠禹会村》公布的资料，禹会遗址祭祀台基上的各种遗迹现象大体分为三部分。

第一部分是由祭祀台基上层白土覆盖的各种遗迹。主要有祭祀台基台体本身，祭祀台基北部的凸岭、凹槽，祭祀台基北部与中部的8个"圆形圜底坑"。

祭祀台基台体本身，由白土覆盖，平面呈倒"」"形，长108米，宽13~20米许。

凸岭位于祭祀台基北部区域，似呈两条"X"形交叉（图三）。其中一条大体为东西向，东部至祭祀台基东侧边缘，西部延伸至探方外尚未揭露，南北两边略微高出两侧的白土面，顶面平。揭露的部分，东—西长22.4米，东端宽2.6米，西端宽2.4米。另一条大体呈东北—西南向，东北端至祭祀台基北端被破坏的边缘，西南端向西折，并延伸至探方外尚未揭露，在这条东北—西南向凸岭的两侧边的白土面，或凹陷，或被汉墓等打破，呈现的凸岭较为明显。揭露的部分，东北—西南长23.7米，北端宽2.1米，南端宽1.6米。从发掘现场拍摄的照片观察，在祭祀台基北端边缘似有一条宽约1.5米的东西向台边缘凸岭，而"X"形交叉凸岭的东北—西南向这条凸岭的北端被破坏部分可能与祭祀台基北端东西向台边缘凸岭相连。整个形状犹似斜"彐"形并且

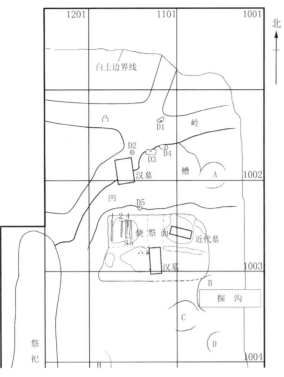

图三　禹会祭祀台基北端局部

中间一横向东伸出，其主体部分在西部，尚未揭露。

凹槽位于祭祀台基北部凸岭的南侧，呈不规则形，似由相连的坑与沟组成（见图三）。东部较宽，似坑，直径约8.35米，边缘不规则，向西南延伸为沟状，宽约1.7米。凹槽的南侧边缘与烧祭面相连。这个凹槽围绕在烧祭面的北侧与西北侧，是烧祭面北侧与西北侧的低洼带，其地表面铺有白土，白土下为黄土以及灰土，是营建祭祀台基时一起筑造的，其凹洼的形态可能是在祭祀台基筑就之后形成的，但不是人工挖掘形成，而可能是遭重压形成。

8个圆形圜底坑位于祭祀台基的北部至中部方台（见后述）附近，分别标识为A、B、C、D、E、F、G、H坑，分布似不成规律（见图二）。其中A坑位于最北处，在烧祭面东北侧、凹槽东端，口径2.8米，深0.5米；B坑位于烧祭面东南角外侧，口径4.1米，深0.6米；C坑位于烧祭面南侧、B坑西南部，口径3.4米，深0.65米，D坑位于B坑与C坑的东南部，口径2.4米，深0.56米；E坑位于最南处，在方土台东南约8米处，口径3.65米[7]，深0.6米；F坑位于E坑的西北侧，口径2.25米，深0.55米；G坑

位于方土台西南约2米处[8]，口径2.45米，深0.65米；H坑位于"方土台"的西部偏北约5米许，口径2.4米，深0.58米。这8个圆形圜底坑，平面大都不规则，直径又较大，都较浅，而且坑壁与坑底面都是与祭祀台基一体的白土，显示这8个圆形圜底坑都是在祭祀台基营建之后受重压而形成的。

第二部分是在祭祀台基白土面之上的，或打破白土层的各种遗迹。主要有烧祭面、方土台、长排柱坑、柱洞等。

烧祭面是祭祀台基北部的主要遗迹，位于祭祀台基北部凹槽南侧的中央，揭露呈不规则圆角长方形，东南部略遭破坏。东—西长12.6米，南—北宽7.1米，面积为89.46平方米（见图二、三）。烧祭面是在白土层上铺垫一层灰土，并加工平整，在局部埋设"烧烤架"，再进行烧祭活动。形成的烧祭面整体经过烧烤，并因烧祭活动而形成东、西两个明显的烧烤区域。两个烧烤区域都位于烧祭面的北部，接近凹槽。东部烧烤区域，东—西长3.3米，南—北宽2.8米，烧烤面较为平整、光滑、坚硬，系为经过较大强度或较长时间烧烤而形成。西部烧烤区域，直径为2.9~3.12米，烧烤的程度略次于东部烧烤区，但埋有5条呈南—北向的烧烤架，即5条圆木，圆木已不存，形成5条埋圆木的沟槽（图四）。其中4条沟槽长1.8~2.3米不等，宽0.14或0.15米，深0.07~0.14米；1条沟槽长0.74米，宽0.13米，深0.07米。在每条沟槽的壁面和底部，都是烧后留下的硬面，而且有明显的圆木印痕，有的沟槽内还有已经炭化的遗存。在西部烧烤区域的东南部还有草木灰现象。在烧祭面的东侧南部出土并复原有陶甗和陶杯各1件，在烧祭面的东北部有磨石3件，还有被烧过的碎小动物骨渣。

方土台位于祭祀台基由北而南的三分之一处的中轴线上，北距烧祭面南缘约10米。《蚌埠禹会村》介绍其建造过程，大致是先在祭祀台基上挖方土台基坑，然后在基坑里可能以版筑及夯筑的方式、用黄褐色土营建方形土台，最后将方形土台周边的基坑以挖出的原土填平。基坑平面为椭圆形，长径2.45米，短径2.1米，深0.3米，打破祭祀台基白土层。方形土台底大顶小，由下而上略有收缩，顶部东半

图四　禹会祭祀台基北部的烧烤区

边略遭破坏而呈台阶状（图五）。由于方形土台揭露的台面紧接耕土层或扰土层，原台面可能被破坏，所以实际高度不详，西侧面又因位于探方的隔梁而被切割。揭露的方形土台，底部东西长 1.85 米，南北宽 1.4 米，顶部东西长 1.1 米，南北宽 1.1 米，现存高度 1.25 米。

长排柱坑位于祭祀台基的中部与南部，有 35 个柱坑南北一字排列，南北跨度长 45.3 米，每个柱坑之间的间距大致相等，约 1 米左右。最北端一个柱坑距方土台南缘约 1.3 米，最南端一个柱坑距祭祀台基南端边缘约 22 米（见图一、二）。35 个柱坑都是在祭祀台基白土面上挖坑形成。土坑平面呈东—西向长方形，或呈不规则长方形，也有不规则形或梯形，长短有别，宽窄略同。35 个柱坑的坑西侧边缘，大体在一条直线上，由于每个柱坑的长短不同，故 35 个柱坑的坑东侧边缘则错落不齐。35 个柱坑大小有别，大多长在 1.7~1.3 米之间，宽在 0.7~0.5 米之间，个别长大些或略小些，最长的柱坑长 2.2 米，最宽的柱坑宽 0.82 米，柱坑的土坑深通常在 0.2 米左右。在每一个柱坑底部的西侧都有一个柱洞，柱洞直径大多在 0.2 米左右，最大的直径 0.24 米，最小的直径 0.17 米，柱洞深（包括土坑深）在 0.85~0.6 之间，最深的达 1 米。根据 35 个柱坑的西侧边缘大体在一条直线上以及柱坑内柱洞偏于土坑内西侧的现象，推测这 35 个柱坑大体是同时形成的。

柱洞有 5 个，位于祭祀台基北部凸岭上与凹槽边（见图二、三）。每个柱洞由柱坑与柱洞组成，即先挖浅穴式柱坑，然后在柱坑底部一侧或一端或中部形

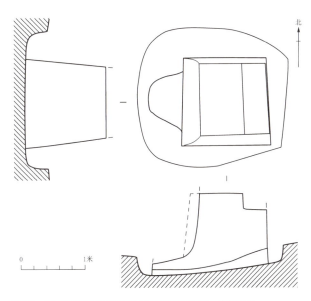

图五　禹会祭祀台基上的方形小高台平、剖面图

11

成柱洞，柱洞较深。柱坑与柱洞都打破祭祀台基的白土，柱洞还打破下部的黄土与灰土。其中 D1 柱洞位于最北的凸岭交叉处，柱坑口平面为近半圆形，口径 0.45~0.9 米，柱洞直径 0.15 米，深 0.8 米。D2 柱洞位于 D1 柱洞西南约 5 米处的东北—西南凸岭的中间，柱坑口平面为不规则长方形，口径 0.53~1.05 米[9]，柱洞直径 0.3 米，深 0.8 米。D3 柱洞位于 D2 柱洞东边约 1.5 米处的凹槽坑北部边缘，柱坑口平面为长方形，口径 0.57~1.18 米，柱洞直径 0.16 米，深 0.75 米。D4 柱洞位于 D3 柱洞东北侧约 0.5 米处的凹槽坑北部边缘，柱坑口平面为长方形，口径 0.52~0.92 米，柱洞直径 0.15 米，深 0.85 米。D5 柱洞位于凹槽坑南部边缘，柱坑口平面为不规则圆形，口径 0.45 米，柱洞直径 0.12 米，深 0.5 米。这 5 个柱洞结构相同，都是柱坑与柱洞结构，5 个柱洞的平面分布，就目前揭露的现象，看不出有何规律特点，但其中 D3 柱洞和 D4 柱洞的结构与形制，与方土台南边呈南北一字排列的长排柱坑的柱坑基本相同，而且还大致位于同一条南北直线上，其性质值得深思。

第三部分，主要是一条祭祀沟。

祭祀沟位于祭祀台基中部偏北西侧的外边，与祭祀台基的南北走向相同，呈南北向的圆角不规则长条形，紧靠祭祀台基，与祭祀台基相距 1 米许。揭露的祭祀沟的沟口与祭祀台基台面为一个平面，祭祀沟打破了第④层与生土，底部基本呈圜底近平的形状，沟边不甚规则，沟壁由明显的人工挖掘的痕迹。长 35.7 米，宽 5.4~7.3 米，深 0.8 米。祭祀沟沟内的自身堆积厚 0.4~0.6 米，南北两端较浅，中部较厚。沟内堆积中含有大量破碎的陶器残片，有的可以拼对复原，有陶盘、器盖、盆、甑、壶、鼎、假腹簋、长颈壶、圈足壶、鬶、罐、平底钵等器形，以及大量侧三角鼎足、鬼脸式鼎足，还有草木灰、炭屑，浮选沟内填土还获得粟、稻、小麦、大麦等农作物遗存。

3. 禹会遗址祭祀台基各种遗迹现象的相对年代关系分析

上述分析的禹会遗址祭祀台基的各种遗迹，除

祭祀台基台体本身外，主要有祭祀台基北部的凸岭、凹槽、烧祭面、柱洞，祭祀台基北部与中部的 8 个圆形圜底坑，祭祀台基中部的方土台，祭祀台基中南部的长排柱坑，祭祀台基中部偏北西侧外边的祭祀沟。从理论上讲，在这些遗迹单位之间都存在着相对时间关系。分析这些遗迹单位之间的这种相对时间关系，将便于分析祭祀台基使用时期这些遗迹单位从建造到使用的相对时间、功能及其作用关系。

对这些遗迹单位的相对时间关系，我们做以下几点分析。

第一，从考古层位学角度分析，上述第一部分遗迹的相对年代要早于第二部分遗迹，因为凸岭、凹槽、8 个圆形圜底坑都被祭祀台基白土层覆盖。这三种遗迹之间的营建时间大致相同。

第二，从考古层位学角度分析，上述第二部分遗迹的相对时间都晚于第一部分遗迹，因为烧祭面、柱洞、方土台、长排柱坑都是在白土层覆盖之后形成的，其相对时间都晚于祭祀台基白土层。如烧祭面是在白土层之上铺垫一层灰土并加工平整、局部埋设烧烤架后进行烧烤活动而形成，方土台与长排柱坑是在白土层面上挖坑营建，柱洞也是在白土层面上挖坑营建。第二部分遗迹晚于白土层有多久，可能时间很短，因为这些遗迹单位的开口目前都确定在第③层的底部。至于第二部分遗迹单位之间是否存在相对年代的早晚关系，目前难于分析。

第三，从使用原理分析，第一部分遗迹中的凹槽与 8 个圆形圜底坑可能晚于凸岭，因为凸岭是在营建祭祀台基时形成，而凹槽与 8 个圆形圜底坑可能是在祭祀台基营建成之后的使用过程中在白土层上形成。凹槽与 8 个圆形圜底坑的相对时间则大致是同时的。

第四，从遗迹之间的平面关系与使用原理分析，推测烧祭面应与凹槽大致是同时的。凹槽可能是在使用烧祭面时形成。

第五，依据第三条的分析，8 个圆形圜底坑与凹槽大致是同时的，由此推测 8 个圆形圜底坑也应与烧祭面大致同时。

第六，从遗迹之间的平面关系分析，方土台与长

排柱坑可能是同时的。长排柱坑由 35 个柱坑组成，这些柱坑一字型排列整齐，而且间距大致相等，应是同时形成的。方土台与长排柱坑位于同一条直线上，方土台又位于北端，与最北端一个柱坑相距约 1.3 米。方土台与长排柱坑的这种平面关系似反映了它们两者之间在使用方面的相互依存、相互作用的关系。

第七，从遗迹的形制角度分析，柱洞与长排柱坑中的柱坑似有联系，尤其是 D3 柱洞、D4 柱洞的形制与长排柱坑中的那些柱坑基本相同，推测其可能是同时的。

第八，从遗迹之间的平面关系分析，祭祀台基中南部的方土台、长排柱坑与祭祀台基北部的烧祭面、凹槽、柱洞可能是同时的，因为这些遗迹的分布位于南北向祭祀台基的中轴线上，这些遗迹的这种平面关系也似反映了他们之间在使用方面的相互依存、相互作用的关系。

通过以上八点分析，可以判断禹会遗址祭祀台基上的各种遗迹现象之间的相对年代大体分属没有太大时间跨度的前后两个时期。第一个时期是祭祀台基本身与祭祀台基北部的凸岭；第二个时期是祭祀台基上的烧祭面、凹槽、8 个圆形圜底坑、方土台、长排柱坑、柱洞。

至于祭祀沟的相对年代，依据其位于祭祀台基中部偏北西侧的外边，与祭祀台基的南北走向相同，而且紧靠祭祀台基，沟口又与祭祀台基台面为一个平面等现象，以及其规模较大，面积达 200 多平方米，推测其可能与祭祀台基上第二个时期的遗迹如烧祭面、凹槽、8 个圆形圜底坑、方土台、长排柱坑等同时，是烧祭面、凹槽、8 个圆形圜底坑、方土台、长排柱坑等遗迹单位使用时期形成的，当然也不排除其是在这些遗迹单位使用之后形成的可能。

4. 禹会遗址祭祀台基的使用功能问题

上述对禹会遗址祭祀台基的平面形制、结构分析，以及各种遗迹现象的相对年代关系分析表明，禹会遗址祭祀台基实际上由两部分组成。第一部分是由灰土、黄土、白土逐层营建的作为祭祀台基的台体建筑以及北部的凸岭。第二部分是作为祭祀

台基之上的各种遗迹，如祭祀台基上的烧祭面、凹槽、8 个圆形圜底坑、方土台、长排柱坑、柱洞等。

由于作为祭祀台基的台体没有全部揭露，目前揭露的仅是角尺形的南北直条部分，北部向西延伸部分尚未揭露，两道凸岭向西的走向及其平面布局都不能明了。所以，这个由灰土、黄土、白土逐层营建的祭祀台基的台体建筑，原本是作为祭祀台基使用而营建的还是作为其他建筑使用而营建的，目前尚不得而知。这还导致了对祭祀台基之上的各种遗迹的作用与功能及其与祭祀台基台体的关系，难于做出准确的解释。

依据祭祀台基北部向西延伸以及两道凸岭或中间一横向东伸出的斜"ヨ"形凸岭向西延伸现象推测，其向西延伸的主体部分，可能有一定的规模，或许还有很多遗迹现象。这些尚待揭露明确的遗迹现象，或许能够进一步说明该祭祀台基的台体建筑的使用功能，以及祭祀台基之上的各种遗迹的作用与功能及其与祭祀台基台体的关系等问题。

所以，在禹会遗址祭祀台基西侧的延伸部位没有全面揭露之前，对其功能的认识只是初步的。以往对禹会遗址祭祀台基的复原研究以及对其使用功能的研究认识，都有待将该建筑基址完整揭露、如果将延伸的西侧部位全面揭露，或者说还存在相关联的重要遗迹，我们将会对祭祀台基的功能得出一个全新的认识。

二　对禹会遗址祭祀台基分析的启示

以上通过对禹会遗址祭祀台基的分析形成的启示是多方面的，而对于如何深化史前聚落考古研究而言，至少有以下三点启示。

1. 深化史前聚落考古研究需要具备两个方面的条件

禹会遗址祭祀台基是禹会遗址所代表的禹会聚落址中的一个建筑物遗存，其中包含着许多最基础的即最小考古学单位的遗迹。这些最基础的遗迹，形制不

同、年代不同。所以，欲明确禹会遗址祭祀台基的使用功能，首先要明确这些最基础遗迹的用途以及它们之间的平面、空间关系，而且还要明确这个建筑基址最好是保存完整并且是完整揭露了。

对一个聚落址的研究，显然要比禹会遗址祭祀台基这样一个大遗迹单位研究复杂得多。研究对象包括了聚落址内的各种遗迹与各种遗物，既相当庞杂又相当复杂。面对十分庞杂与十分复杂的研究对象，应用的研究方法与方式，自然可以有多种多样，包括创新尝试的各种研究手段，以及在大系统理念下开展对聚落形态、聚落点功能的研究。而研究的对象最好是保存完整并且是完整揭露了，而且要研究明确聚落址内各种遗迹的性状以及它们之间的平面、空间关系。

由此形成第一个认识：欲深化史前聚落考古研究，研究的对象最好需要具备以下两个方面的条件。

第一，聚落考古研究的对象最好是完整的并且是尽可能揭露完整。

第二，聚落考古研究对象中的各种遗迹之间的年代关系必须要明确。

2. 加强对聚落址内各种遗迹的年代学研究是深化史前聚落考古研究的一个重要方面

回顾我国的史前聚落考古研究，揭露完整或大致完整的聚落已经有不少。较为经典的研究案例，如西安半坡聚落址、临潼姜寨聚落址等。其中姜寨聚落址基本揭露完整而且研究认识最为深入。然而，从现在的研究要求与眼光看，姜寨聚落址内的各种遗迹之间的平面、空间关系，限定在一个年代相当宽泛的范围内。如果将研究的聚落址中的各种遗迹的平面、空间关系限定在一个年代很短的范围内，那么这样研究得出的有关聚落形态以及所反映的社会组织、相关的功能及其各种生产、生活活动的情况，将更为真实可靠。

由此形成第二个认识：加强对聚落址内各种遗迹的年代学研究，将各种遗迹的年代学研究达到年代跨度很小的精细的年代范围内，是深化史前聚落考古研究的一个重要方面。

3. 深化聚落考古研究需要发展考古类型学分析方法及其运用方式

对聚落址内各种遗迹进行跨度很小的精细年代学研究，需要加强应用现代科技手段进行年代测定研究；而加强考古层位学与考古类型学分析方法的应用，对各种遗迹进行跨度很小的精细相对年代关系的研究，是需要特别重视的重要方面。

目前在运用考古层位学与考古类型学方法进行遗迹的相对年代研究方面，主要是结合对遗迹中出土的陶器进行器物形制及其组合现象的分析研究实现的，而对于同层位的或不具有层位关系的各种遗迹的相对年代研究，主要是运用考古类型学方法进行研究的。

聚落址中同时期的各种遗迹大致都处于同一考古学层位内，这是研究聚落址内各种遗迹之间平面、空间关系的基本依据与基础条件。如果对同一考古学层位内的各种遗迹再做更为精细的相对年代关系的研究，则主要依靠运用考古类型学方法结合对各种遗迹中的陶器进行分析研究来实现。

然而，目前在新石器时代考古研究中，通过运用考古类型学方法对陶器进行的器物形制及其组合现象研究以区分各种遗迹之间的相对年代关系方面，尚不能够达到 20 年或 30 年的时间间隔以区分各种遗迹之间的年代关系这种十分精细、十分精确的结果。导致我们对某一聚落址内各种遗迹的平面关系的认识，限定在各种遗迹间隔 50 年以上、甚至是 100 年以上的宽泛的时间概念之内。即将 50 年以内、100 年以内、甚至是 200 年以内的各种遗迹作为一个时间平面或同时空间关系进行研究，进而来说明该聚落形态以及所反映的社会组织、相关的功能及其各种生产、生活活动的情况。这样形成的研究认识，实际上是一个十分粗糙的研究结果。这个研究结果对于揭示聚落形态原本真实的现象，距离还很远。

由此形成第三个认识：深化聚落考古研究，开展对聚落址内各种遗迹进行跨度很小的精细相对年代关系的研究，需要发展考古类型学分析方法及其运用方式。

发展考古类型学分析方法的应用，还是中国考古学学科发展需要特别重视的重要内容。

最后，笔者建议：在现有的良好研究基础与研究条件下，再选择一个文化属性单一的、完整的史前聚落址进行全面揭露，探索发挥、发展各种研究方法与手段，包括运用大系统理念、以大视野的角度、建立并应用大数据分析的方式，尤其是探索发展考古类型学分析方法的运用，进行仔细而详尽的研究，以便精准说明该聚落形态以及反映的社会组织、相关的功能及其各种生产、生活活动的真实情况。进而逐步扩大研究的范围，使得在史前聚落考古研究方面取得重大进展。

注 释

[1] 尹达：《论我国新石器时代的考古研究工作》，《新石器时代》，生活·读书·新知三联书店，1955 年。

[2] 严文明：《走向 21 世纪的考古学》，三秦出版社，1997 年。严文明：《卷首语》，《聚落考古通讯》第 2 期，2017 年 6 月。张忠培：《中国考古学：走近历史真实之道》，科学出版社，1999 年。

[3] 良渚遗址群考古发掘研究成果，于 2015 年 12 月在上海召开的"第二届世界考古论坛"上获得重大田野考古发现奖。

[4] 朱乃诚：《未来中国考古学发展的思考》，《四川大学考古专业创建四十周年暨冯汉骥教授百年诞辰纪念文集》，四川大学出版社，2001 年。

[5] 中国社会科学院考古研究所、安徽省蚌埠市博物馆编著：《蚌埠禹会村》，科学出版社，2013 年。

[6] 中国社会科学院考古研究所、安徽省蚌埠市博物馆编著：《蚌埠禹会村》，科学出版社，2013 年，第 424 页。中国社会科学院古代文明研究中心、安徽省文化厅、蚌埠市人民政府编著：《禹会村遗址研究：禹会村遗址与淮河流域文明研讨会论文集》，科学出版社，2014 年。

[7] 《蚌埠禹会村》报告的表五公布的资料，E 坑的直径为 2.25 米，F 坑的直径为 3.65 米，但《蚌埠禹会村》报告的图二一、图二八平面图所表示的是 E 坑的直径大于 F 坑的直径。见中国社会科学院考古研究所、安徽省蚌埠市博物馆编著：《蚌埠禹会村》，科学出版社，2013 年。

[8] 《蚌埠禹会村》报告的表五公布的 G 坑与 H 坑的位置，与图二一所表示的这两坑的位置不符，可能是表五中的是笔误所致。

[9] 《蚌埠禹会村》报告的图二三所表示的 D2 的平面图，标明的柱坑平面为圆形，或没有标明柱坑的平面。

大禹的传说与史影的探索

罗　琨（中国社会科学院历史研究所）

传说不是信史，但也绝不是后人随心所欲编造的"伪史"，赫胥黎于《人类在自然界的位置》一书中指出："古代的传说，如用现代严密的科学方法去检验，大都是像梦一样平凡的消逝了。但是奇怪的是，这种像梦一样的传说，往往是一个半睡半醒的梦，预示着真实。"[1]这一论断随着近代学术的发展，获得了愈来愈多的实证。

一

我国历史上的三皇五帝古史系统，虽然是经过战国秦汉时期对古史传说数次整理而形成的，多有缘饰，但考古发现和研究成果证实在中华大地，我们的祖先确实经历了从依靠采集和捕捉小动物为生到学会猎取大兽，从学会用火到发明人工取火，从采集狩猎到发明原始农业，这发生在从洪荒时代到踏上通往文明的大道之时，涵盖了从上百万年至万年前漫长岁月，这证实伏羲、燧人、神农虽然不是真实存在的人物，却代表了人类生存技术进步的几个里程碑。而约当距今五千年以降，以黄帝、颛顼、尧、舜，以及禹等古帝为代表的历史时期所发生的变革，反映了中国古代文明形成过程中几个递进发展阶段，其中的某些成果已为夏商西周的制度所吸收。

考古发掘出的遗迹遗物是我们祖先真实历史的残页；古史传说是同一群人的历史记忆，它们虽为不同性质的史料——分别为信史的碎片和打上流传过程烙印的半睡半醒的梦，属于不同的学术领域，却有共同的交汇点，通过相互印证，补充，是可以追寻到某些散佚的信史篇章，这就是前辈学人常讲的"用两条腿走路"，重建上古、远古史[2]。

由于时代愈早，资料愈少，周人在史诗中记述下从姜嫄、后稷直到太王、文王的谱系，商人的祀典中也留下了高祖夔、高祖亥、高祖上甲等先商时期先祖的名号。而夏后氏的先世传说中只有夏后启的自出之祖——禹。因而禹和夏王朝的历史真实性至今仍有人存疑，一些人提出至今尚未发现夏代文字，尤其是在二里头没有挖出"夏"字，应属于尚未进入有文字记载的历史时代。

实际上，尽管殷墟甲骨文和已发现更早的原始文字中，尚未发现可以确认的"夏"字，但在周代早期留下的历史文献中多处记述了有关"殷革夏命"的史料，如《尚书·多士》《多方》等。《多士》是周成王元年三月，周公自王城（宗周）至新邑洛，安抚迁去的殷"顽民"的一篇训话，其中说到"惟尔知：惟殷先人有册有典，殷革夏命。今尔又曰：'夏迪简在王庭，有服在百僚。'予一人为听用德……"

顾颉刚、刘起釪《尚书校释译论》[3]释为"如你们所周知：殷家的先人传下来的典册上面记载着殷革夏命的故事。现在你们中间有人根据了这些历史，说道：'（在夏亡之后，）有许多夏人是被召而选择于商王的朝廷的，商朝的百官之中少不了他们的职位，（但为什么现在不这样呢？）'（你们须知道，）我用人是把德行做标准的……"。《尚书校释译论·讨论》中还提出"这是一件真实的事情，有记载可依据，所以他也说'尔先祖成汤革夏，俊民甸四方'。但那时恰在讨平叛乱后不久，周公实在对他们放心不下，就提出一个'德'字来应付他们"。

《多士》的史料性没有疑义，其中有关商史的叙述也不属于传说，这是关于夏王朝及商王朝早期历史的重要史料，由于当时使用的是关中方言，记录下来的文字对于今人十分难以通读、理解，可能因此未引起一些研究者的重视。实际上，认真研读这些上古文献对于夏商西周前后的历史学、考古学研究是有重要意义的。

二

禹的故事在古文献中记载极多，据仲岛敏夫编《三皇五帝夏禹先秦资料集成》[4]，收录73种古籍中，传说人物出现频率的前五位为：黄帝950次、舜940次、尧763次、禹672次、颛顼133次。而在《尚书》《诗经》《楚辞》《左传》《国语》《墨子》《荀子》《鹖子》等书中，禹出现的频率名列第一，超过其他古帝。这些记载的内容：

第一，主要集中在对于大禹治水功绩的记述，2002年保利艺术博物馆入藏了西周中期偏晚燹公盨，随即刊布了其上的长篇铭文，开篇即："天命禹尃土，陸山濬川，迺差方執征。降民监德，迺自乍配飨。民成父母……"这段金文恰印证了《吕氏春秋·慎行论·求人》所载禹的功绩曾"铭乎金石，著于盘盂"的记述[5]，内容涵盖禹治水的由来、治水方法、功绩和结局，可以分解五个环节，即殛鲧兴禹；敷下土方；随山濬川；万国为治；皇天嘉之，祚以天下，正与传世文献相表里[6]，对大禹治水的传说含有真实历史的素地的判断增加了实证。

当然也不乏对燹公盨的真伪有不同看法的研究者，认为是伪器伪铭。对于传世铜器以及非科学发掘品的"疑伪"是正常现象，不同观点的讨论有益于学术的进步，不过有的质疑者只提出文字的"古雅"是一种心理感觉，不足为凭，却未能正面回答铭文中古老句式的问题。

燹公盨铭文中保存一种古老的无形式标志的被动句："民成父母"，"自作配享"，其形式同于《禹贡》的"禹赐玄圭"。后者在对难懂的句子稍作改易的《史记·夏本纪》中，作"帝赐禹玄圭"，禹是被赐者，《禹贡》文句却作主动句的形式，可见这是一种直接以主动形式表示被动的无形式标志的被动句[7]。同样"民成父母"是指禹"成民父母"，《大戴礼记·五帝德》已改为"为民父母"可以为证；"自作配飨"的"自"，指"降民监德"的帝，作配飨者是禹，文意为"禹作帝的配飨"，即禹配飨于帝，与《淮南子·氾论训》"禹劳天下，死而为社"、《夏本纪》所谓"为山川神主。帝舜荐禹于天，为嗣"等记载相合。

类似的古老句式见于甲骨文，商代某些非法定配偶生育，常有王亲自贞问"余子""余弗子"，如"戊辰卜，王，贞帚鼠娩，余子"，"贞帚鼠娩，余弗其子"（《甲骨文合集》14115、14116），与《皋陶谟》中禹自述"启呱呱而泣，予弗子"相同，而《夏本纪》改作"生启予不子"，从张守节《正义》的解释看，汉唐时对这一成语早已很生疏了。值得注意的是这种直接以主动形式表示被动的无形式标志的被动句，在西周中期以后逐渐被有形式标志的被动句取代。而有形式标志的被动句，在殷墟卜辞中已大量行用，可见无形式标志的被动句出现很早[8]，废弃得也很早，早已为现代人所不熟悉，不仅早年的王国维因《鬲尊》铭文有"鬲赐贝于王"，错误地认为"殊不合理，疑伪"[9]，当代学者也有将该句读作"迺自乍配，乡（飨）民、成父母、生"的看法。所以，在燹公盨伪器伪铭的论定尚需更坚实的论据，在此之前其铭文仍可作为流传于西周中期大禹传说的重要文献。

第二，在此基础上，世代传颂着对大禹的赞美，《左传·昭公元年》记载周天子派刘定公在颍慰劳赵孟，开场白就是以赞美禹功做引子："美哉禹功，明德远矣。微禹，吾其鱼乎。吾与子弁冕端委，以治民、临诸侯、禹之力也"。在《诗经》中，周人冬祭乐歌《小雅·北山之什·信南山》开篇就是"信彼南山，维禹甸之"；还有"丰水东注，维禹之绩。"（《大雅·文王有声》）、"奕奕梁山，维禹甸之。"（《大雅·韩奕》）。宋君祭祀成汤及其先世的乐歌有"洪水芒芒，禹敷下土方。"（《商颂·长发》）还有"天命多辟，设都于禹之绩。"（《商颂·殷武》）。鲁君伐淮夷凯旋告庙的乐歌《鲁颂·閟宫》"奄有下土，缵禹之绪。"此外金文秦公钟铭有"鼏宅禹跡"，叔尸钟铭有"处禹之堵"。不同地域、不同国族的人们一致认为自己居住的土地，都是大禹治水以后规划、治理过的土地，贤明的先世都是大禹事业的继承者，可见大禹已经成为走过"洪水时代"杰出的领袖人物的代表，远远超越了一个古族祖神的地位。

第三，值得注意的是相关记载还包括有"禹之命""禹之禁""禹之法"等记述，如：

《逸周书·大聚解》："周公曰……旦闻禹之禁，春三月山林不登斧，以成草木之长，夏三月川泽不入网罟，以成鱼鳖之长。"

《逸周书·尝麦》："其在殷（启）之五子，忘禹之命，假国无正……"

《左传·襄公四年》：《虞人之箴》曰"茫茫禹迹，画为九州，经启九道，民有寝庙，兽有茂草，各有攸处，德用不扰。"

《荀子·君道篇》："禹之法犹存，而夏不世王。"

《虞人之箴》虽不是禹之箴，但透露出洪水时代以后，开始形成了一种新秩序。而"禹之命""禹之禁""禹之法"的出现，反映世世代代口耳相传的一些习惯法已遭破坏，维护新秩序的新规制已应运而生，显然大禹的时代社会结构已经进一步复杂化了。又如：

《墨子·兼爱下》："禹誓……济济有众，咸听朕言，非为小子，敢行称乱，蠢兹有苗，用天之罚，若予既率尔群对诸群，以征有苗。"

《墨子·非攻下》："昔者三苗大乱，天命殛

之……禹亲把天之瑞令以征有苗……"

《墨子·节葬下》："禹东教乎九夷，道死，葬会稽之上。"

《韩非子·饰邪》："禹朝诸侯之君会稽之上，防风之君后至而禹斩之。"

《韩非子·十过》："禹作为祭器，墨染其外，而朱画其内，缦帛为茵，蒋席颇缘，觞酌有彩，而樽俎有饰，此弥侈矣。"

也都反映了社会结构已经进一步复杂化，且处于兵刑不分的历史阶段。这些记述放在考古学的龙山时代社会发展大背景下，就可以知道并非都是虚言，而在一定意义上，反映了真实历史的影子。

三

近世，随着考古的发展，一系列发现和研究成果极大丰富了我们对夏王朝建立以前、相当于尧舜禹时代的认识。关于大禹的传说最重要也是最令人不解的是治水和会诸侯，在生产力很低下，生产工具基本是木石所制的时代，治水和盟会能达到怎样的规模，一直是疑问，是考古学打开了人们的眼界。

例如在河南辉县市西北的孟庄发现了一座水毁的古城址，地处豫北太行山南麓，这一带是古史传说中与洪水、治水关系密切的一个古族——共工氏故地。4300 年前龙山晚期开始在这里筑城，4100 年前后，遭水患被毁坏，洪水切入生土 1.50 米左右，由西向东伸展，南、北护城河淤泥有 2~3 米深，此后文化出现断层，百年后才再有人居住，直到孟庄二里头文化二期，才重新修建起被冲毁的城墙，继续使用孟庄古城。孟庄古城海拔约百米，在豫中、豫东至齐鲁地区，一批海拔低于孟庄的龙山文化遗址，基本与孟庄古城在同一时期废弃，证实了尧舜禹时期洪水的传说反映了真实历史的影子[10]。

为了应对水患，我们看到在河南淮阳龙山时期的平粮台城址，修建有整套的排水系统，相关遗迹还表明遭遇内涝严重时，曾拆毁部分城墙排水，过后再修补城墙、维护排水管道，以动态管理确保安全[11]。

在湖北应城，发现一座约距今 5000 年前的门板湾古城址，它的西城垣用一层黄土夹一层淤泥堆筑而成，压在一座占地近 400 平方米修建考究的大型庭院建筑上，相关遗存表明庭院的突然废弃与城垣修建与洪水及防洪有关[12]。

在浙江杭州的良渚古城外围，更发现一处距今 5000 年前后的大型水利工程，据推测可能具有防洪、运输、用水、灌溉等综合功能。水利系统涉及范围超过 100 平方公里，分布于古城北面和西面，由 11 条堤坝组成。坝体关键部位采用了"草裹泥工艺"，草裹泥的堆筑有明显的分区现象，"不同的分区应该是有同一地点运输来的一个周次的运量，同时表明铺筑的草裹泥由不同地点运送过来，一到即铺，没有统一堆料的过程"[13]，显然，"工程"有较严密的计划和人员的组织。

这些发现说明在距今 5000 年前后，尽管仍使用木石制作的生产工具，但依靠长期生产活动积累的经验和智慧，充分发挥有组织的群体力量，用"蚂蚁啃骨头"的办法进行某些现代人意料之外的"治水工程"是可行的。

安徽蚌埠禹会村遗址的发现再一次修正了我们的想象，提出一系列新问题，如据《蚌埠禹会村》

发掘报告，这是一处较单纯的龙山文化遗址，面积 50 万平方米，主要发现了以祭祀为主的大型礼仪性基址及相关遗存。总面积近 2000 平方米的祭祀台，槽式堆筑厚约 1 米灰土、黄土、白土，还有祭祀沟、祭祀坑等巨大土方量如何组织、调派人力。出土的很多大型陶器烧成温度低，带有明器的性质，却包含了周边地区不同文化的风格；祭祀坑中出土的作物种类包括了水稻、小麦、粟、大麦；还出土了 24 件形成于某一特定地质环境的彩石……这都揭示这里应是一处 5000 年前大型盟会遗存。

尽管考古发现带有很大的偶然性，就是在"地书"中，湮灭的历史篇章也是很多的，在世代流传的古史传说中，人物和事件固然有时间愈长内容愈丰满的现象，但也有被遗忘或湮灭在某些代表人物的光环中的事例，所以现在虽然无法判定禹会村遗址就是《左传·哀公七年》所谓"禹合诸侯于涂山，执玉帛者万国"的遗存，但它证实传说反映了真实历史的影子，并提供了实证。而"禹会涂山"或《史记·龟策列传》所谓"涂山之兆"很可能是史前时代文明进程中一个带有标志性重大历史事件[14]，当前考古学界正在深入进行的淮河文明"个案"研究，也是探索夏代信史重构的一个很好突破口。

注释

[1] [英]赫胥黎：《人类在自然界的位置》，科学出版社，1971年，第 1 页。

[2] 近世民族学的发展，还揭示了"传疑时代"的某些"社会化石"，开辟了所谓"三重证据法""四重证据法"的研究方法。参见尹达：《衷心地愿望》，原载《史前研究》1983年创刊号，收入《中国社会科学院学者文选·尹达集》，中国社会科学出版社，2006年；裘锡圭、曹峰：《古史辨派、二重证据法及相关问题——裘锡圭先生访谈录》，原载《文史哲》2007年 4 期，收入《裘锡圭学术论文集》（六 杂著卷），第 286~304 页。

[3] 顾颉刚、刘起釪：《尚书校释译论》，中华书局，2005年。

[4] [日]仲岛敏夫编：《三皇五帝夏禹先秦资料集成》，爱

知大学文学会丛书 VI，汲古书院，平成十三年（2001 年）。

[5] 《吕氏春秋·慎行论·求人》有"禹东至……南至……西至……北至……不有懈堕……以求贤人，欲尽地利，至劳也。得陶、化益、真窥、横革、之交五人佐禹，故功绩铭乎金石，著于盘盂。"

[6] 参见罗琨：《燹公盨铭与大禹治水的文献记载》，《华学》第六辑，2003年，第 15~25 页。

[7] 杨玉铭：《西周金文被动式简论》，《古文字研究》七，中华书局，1982年。

[8] 参见罗琨：《燹公盨铭与大禹治水的文献记载》，《华学》第六辑，2003年，第 15~25 页。

[9] 转引自杨玉铭：《西周金文被动式简论》，《古文字研究》

七，中华书局，1982年。

[10] 河南省文物考古研究所：《辉县孟庄》，中州古籍出版社，2003年；河南省文物考古研究所：《河南辉县市孟庄龙山文化遗址发掘简报》，《考古》2000年第3期；袁广阔：《关于孟庄龙山城址毁因的思考》，《考古》2000年第3期。

[11]《河南淮阳平粮台城址南门龙山时期的排水系统》，国家文物局主编《2015中国重要考古发现》，文物出版社，2016年，第32~35页。

[12] 陈树祥等：《应城门板湾遗址发掘获重要成果》，《中国文物报》1999年4月4日第1版；王红星：《史前城壕的防洪功能——应城门板湾城壕聚落发掘的启示》，《中国文物报》2002年8月30日；王红星：《从门板湾城壕聚落看长江中游地区城壕聚落的起源与功用》，《考古》2003年第9期。

[13]《浙江杭州的良渚古城外围大型水利工程》，国家文物局主编：《2016中国重要考古发现》，文物出版社，2016年，第26~29页。

[14] 罗琨：《禹会村遗址与"禹会涂山"的思考》，中国社会科学院古代文明研究中心、安徽省文化厅、蛛埠市人民政府编著：《禹会村遗址与淮河流域文明研究会论文集——禹会村遗址研究》科学出版社，2014年，第226页。

从伯崀父簋铭看周厉王征伐
淮夷的交通路线[*]

杜　勇（天津师范大学）

孔　华（安徽省社会科学院历史研究所）

伯崀父簋是近年发现的一件非常重要的青铜器，器铭反映了周厉王前期征伐淮夷的战争情况。结合宗周钟、䔖生盨、鄂侯驭方鼎诸铭，观其战争所涉地名及其军事行动路线，可以帮助我们对当时淮河流域的交通状况有更为深入的了解，对西周王朝试图通过军事手段加强对南淮夷深度控制的史实有更为充分的认识。本文不揣浅陋，拟就此略作探索。

伯崀父簋现已发现甲乙两器，铭文内容基本相同。为讨论方便，先将伯崀父簋铭文迻录如次（图一、二）。

> 唯王九月初吉庚午，王出自成周，南征，伐㽙（服）子：夔、桐、遹。伯崀父从王伐，亲执讯十夫、馘廿，得俘金五十钧，用作宝簋，对扬，用享于文祖考，用锡眉寿，其万年子子孙孙永宝用享。（《铭图》[1]5276）

伯崀父是随厉王南征的高级将领，在夔、桐、遹等地的作战中，身先士卒，馘首执讯，立有战功。所俘获青铜原料五十钧，厉王赏赐给他制作铜器，以孝享祖考。此器涉及的族名和地名，使宗周钟、䔖生盨、鄂侯驭方鼎、禹鼎、多友鼎、敔簋等器都能联系起来，对其时代判断具有决定性的作用。以下仅列四器，以资对照：

宗 周 钟：服子

伯崀父簋：服子夔　　　桐遹

䔖 生 盨：　　　角津桐遹

鄂 侯 鼎：　　　角　　遹

宗周钟又名胡钟，是周厉王时的标准器。其铭有云：

> 王肇遹省文武勤疆土，南国服子敢陷我土，王敦伐其至，戡（践）伐厥都，㽙（服）子乃遣间来逆邵王，南夷、东夷具见二十又六邦。（《集成》260）

图一　伯崀父簋（《铭图》5276）

图二　伯㣦父簋铭文（《铭图》5276）

钟铭所记周厉王敦伐"南国服子"，与伯㣦父簋铭记周王"南征，伐服子"自是一事，器物亦必同时。而翏生盨、鄂侯驭方鼎言王师南伐，涉及角、津、桐、濇等地名，与伯㣦父簋有相同的战地，当属同一次战争无疑。鄂侯鼎中的鄂侯驭方又见于禹鼎，过去有的学者过于相信《史记·楚世家》关于周夷王兴兵伐鄂的记载，主张禹鼎为夷世器的态度非常坚决，现在看来亦应为厉王时器。

从钟铭所记"南国服子敢陷我土"来看，"南国"诸邦尚不属于周王室直接管辖的疆域，而是作为藩属国保留了相当强的独立性。他们举兵侵犯西周王朝的统治区，已严重违背臣属国所应遵守的政治规则。周王室兴师南征，特以"服子"相称，即有指责他们背叛周王朝统治的意涵。此次征伐淮夷之战，涉及五个地名，也应是五个族邦，实际还有可能不止此数。翏生盨铭文云："王征南淮夷，伐角、津，伐桐、遹。"（《集成》4459）这里连用两个"伐"

字，表明此次战役主要经历了两个阶段，伐"角、津"为第一阶段，伐"桐、濇"为第二阶段。考索这些地名的方位所在，既可明确战争所涉淮夷族群，亦可了解当时王室军队所经过的交通路线。

关于角的地望，马承源先生认为，应为《水经注·淮水》所言"淮、泗之会，即角城也。"[2]《太平寰宇记》卷十七《淮阳军》云："角城在今县（今宿迁市）东南一百一十里，《县道记》，旧理在淮水之北，泗水之西，亦谓之泗口城，即晋安帝义熙中于此置淮阳郡，仍置角城县。"角城于东晋设县，隋代废之，被并入宿迁县，其具体位置当在洪泽湖北岸，与今安徽泗县相距五六十公里。洪泽湖一带是淮夷诸部的主要分布区，直到春秋时期依然如此。《春秋·僖公十六年》载："十有二月，公会齐侯、宋公、陈侯、卫侯、郑伯、许男、邢侯、曹伯于淮。"杜预注："临淮郡左右。"西晋时期的临淮郡治设在盱眙县，位于洪泽湖南岸，适与角城县南北相望。同年《左传》云："十二月会于淮，谋鄫，且东略也。"杜预注："鄫为淮夷所病故。"鄫为姒姓古国，禹之后裔，时在今山东苍山县（近年复名兰陵县）境内。由于鄫、杞二国屡遭淮夷侵扰，故齐桓公与诸侯会盟于淮，谋划救鄫一事，并组成联军东伐淮夷。周厉王伐淮夷，主攻方向选择在洪泽湖一带，正与齐桓公时东略伐淮的地域相同，说明这一带从西周晚期至春秋时期一直都是淮夷活动的主要区域。翏生盨还说到伐"津"，或以为在《水经注·淮水》"穿樊梁湖北口，下注津湖迳渡"的津湖左近，位于今江苏宝应县南六十里的地方。宝应县与角城相距一百多公里，似嫌稍远。这里的"津"也可能是淮泗支流某一要津，具体地望无考。

从角、津的地理位置看，这一带应属徐子国的活动范围。徐人原居鲁东，因受周人压迫，初迁于汉东，结果又遭周穆王讨伐，徐偃王兵败东走，服属的族邦仍有三十多个。其后徐人辗转淮泗，到西周晚期应已建都大徐城（今安徽泗县北），复为淮夷诸邦的宗主国[3]。周厉王此役所伐南淮夷，徐子国应是主要打击对象。宗周钟所谓"服子"除了指淮夷诸邦外，也可能兼指淮夷诸邦的宗主徐子国。

而“践伐厥都”所指可能就是大徐城。然此役由于“服子乃遣间来逆邵王，南夷、东夷具见二十又六邦”，从而达成和解，战事也就告一段落。徐子国本属东夷，而江淮诸小国为其附庸，故其可遣南夷、东夷二十六国前来觐见周厉王，以示臣服。

厉王伐淮夷之役在洪泽湖一带的战事结束后，军队又穿越江淮之间的南淮夷地区，向西南大别山方向进发，以讨伐群舒，战争进入第二阶段。据伯䧅父簋铭文，此阶段主要涉及三个地名或部族：𢉖、桐、潏。对于这几个地方，马承源先生考释翏生盨时认为，桐是偃姓古国，属南淮夷，地在安徽省桐城市北。“遹”可能是“雩”的音假，当是《左传・襄公二十六年》所说的“雩娄”，地在今安徽霍邱县西南八十里，是淮水上游的战略要地。李学勤先生考释伯䧅父簋时亦以为桐是桐城县北的偃姓古国，但把潏的方位定在更远的长江一带。对于新见的“𢉖”字，则认为字从“央”声，当即史籍里的英、六之“英”，亦系偃姓古国，位于今安徽六安西[4]。朱凤瀚先生认为“桐及遹（或桐遹）其位置当在今洪泽湖附近之淮水近域”，至于“𢉖”字是否可以如此隶释，尚可存疑[5]。

由于翏生盨、鄂侯驭方鼎等铭只说到“伐桐、遹”，似乎“𢉖”地的战事并不重要，乃至可以不提。细审伯䧅父簋甲乙两器原篆，“𢉖”字如此隶释确有疑问，不妨存以待考。但“桐”为今安徽桐城市北的偃姓古国，乃群舒之一部，应属可信。至于“潏”，又作“遹”，或作“僪”，都是“矞声”字，可以互假。在传世文献材料中，找不到“潏”这个地名，考虑音假是可以的。但矞声字段玉裁列为第十五部，与第五部的鱼部“雩”字其音相远，通假是有困难的。《左传・襄公二十五年》：“舒鸠人卒叛楚，令尹子木伐之，及離（离）城，吴人救之。”杜预注：“離城，舒鸠城。”離城在今安徽舒城县之西，桐城市之北。以音韵求之，此“離”与伯䧅父簋的桐潏之“潏”或可通假。“離”，从隹离声，来母歌部，段玉裁《六书音均表》列为第十六部。“潏”，从水矞声，或定为见母质部[6]，但段玉裁归为第十五部，王力先生定为物部[7]，与段氏同。十五、十六部字古音甚近，或可通假。这当然只是一种推测，《诗经》《楚辞》亦无这方面的例证，故不排除还有其他可能性。总之，桐、潏等地应是桐城周围群舒活动的中心区域。它们与淮夷生存于同一地理空间，因而也被周人泛称为淮夷、南夷、南淮夷[8]。

当角、津、桐、潏等地的方位确定之后，即可大致复原周厉王此次伐淮夷之役的交通路线。考察交通路线主要依据当时的河流、城邑、战场等要素，因为这是古代易于形成交通线的重要节点。由伯䧅父簋铭可知，周王朝的南征军是从东都成周出发的，当然最后也必须返回到这里。南征军从成周向东南方向进发，经由宋国（今河南商丘）过彭城（今江苏徐州）再顺泗水而下，到达角、津等地，与徐国控制下淮夷族邦发生战事，此为战争的第一阶段。设若桐、潏等地也在洪泽湖附近，而不是在江北桐城地一带，那么西周王朝的军队大概只有按原路返回成周了。这对于好大喜功的周厉王来说，可能性似乎不大。所以马承源先生推断“周室征伐的军队穿过了由东至西整个南淮夷的地区，达到了大江的北岸”[9]，是很有道理的。周师在桐、潏等地与群舒作战后，由于西边的大别山不易通行，可供选择的行军路线只有两条：或由此北行，或浮江而上。学者以为“其归途则沿江而上，鄂侯之都在今湖北鄂城。”[10]近年考古发现表明，在厉王伐鄂之前，鄂国的都邑在今湖北随州羊子山一带。[11]在此次战争中，鄂侯驭方尚未参加叛乱，而且在周师归途中还北至“大伾”（今河南荥阳西北）觐见厉王，受到优渥的赏赐。[12]这说明周厉王并未沿江西行到达鄂地，或召见鄂侯，否则在“大伾”与鄂侯驭方的会晤是不会发生的。可见在桐、潏等地的战事结束后，周王室的军队应该是北行返归。即从桐地一路向北，经英、六等地北上渡淮，再沿颍水两岸前进，经胡（今安徽阜阳）→沈（今安徽临泉）→陈（今河南淮阳）→鄢（今河南鄢陵）→郑（今河南新郑）→大伾（后世虎牢关在此），再返回成周，整个战争始落下帷幕。

周厉王此次南征，深入淮夷腹地作战，没有畅通的交通线是不行的。战争对道路交通的要求相对是比较高的。它不仅要方便军队的调遣，而且军事器械和后勤物资供给也需要车马运输，没有通衢大道是无法满足战争需求的。周厉王能够带领军队进行远距离行军和作战，表明当时淮河流域经过长时间开发，交通条件大为改善，从中原地区到淮河流域已有多条可供军队往返的重要交通线。西周王朝从穆王时期就试图加强对淮夷地区的拓疆与控制，但未如愿。到厉王时期，相反出现淮夷不断内犯的局面。此次厉王伐淮夷之战，除了反击淮夷北侵外，无疑也带有深度控制淮夷以拓南疆的意图。而当时

淮河流域交通条件的改善，终于促成了周厉王此次南下远征的军事行动。只是他师行千里，战绩不彰，并未使淮夷真正臣服。相反，周厉王观兵耀武的结果，使其狂妄暴虐的本性格以及王室军队缺乏战斗力的弱点，都得以充分暴露。故此后不久，有如禹鼎所记，在厉王征伐归程中曾设宴款待的鄂侯驭方，竟率领南淮夷、东夷全面内侵，乃至战火一直燃烧到京畿地区，情况十分严重。周王室朝野震动，使尽力气才将叛乱敉平。不过，这已是后话，于此不赘。

注 释

* 本文为国家社科基金重点项目"西周金文地名集证"（项目编号：14AZD112）的阶段性成果。安徽省社科规划项目"西周时期皖境国族考疑"（项目批准号AHSKY2018D108）阶段性成果。

[1] 吴镇烽：《商周青铜器铭文暨图像集成》（以下简称《铭图》），上海：上海古籍出版社，2012年。

[2][9] 马承源：《关于䣄生盨和者减钟的几点意见》，《考古》1979年第1期；又见氏著《中国青铜器研究》，上海：上海古籍出版社，2002年。

[3] 杜勇：《中国早期国家的形成与国家结构》，北京：中国社会科学出版社，2013年，第181~193页。

[4][10] 李学勤：《谈西周厉王时器伯父簋》，《文物中的古文明》，北京：商务印书馆，2008年。

[5] 朱凤瀚：《由伯父簋铭再论周厉王征淮夷》，《古文字研究》第27辑，北京：中华书局，2008年。

[6] 郭锡良：《汉语古音手册》（增订本），北京：商务印书馆，2010年，第73页。

[7] 王力：《诗经韵读 楚辞韵读》，北京：中国人民大学出版社，2012年，第20页。

[8] 张爱冰等著：《群舒文化研究》，上海：上海古籍出版社，2018年，第2、3页。

[11] 杜勇：《新出金文与鄂国史地问题考辨》，《宝鸡文理学院学报》（社会科学版）2018年第2期。

[12] 杜勇：《多重文献所见厉世政治与厉王再评价》，《历史研究》2017年第1期。

东汉以前有关大禹治水的文物佐证

李德书（西南科技大学）

大禹是人类历史上最伟大的治水英雄，是华夏立国之祖、儒学之祖和建学之祖，全世界华人对大禹莫不称颂。到了20世纪30年代，由于疑古派的影响，使不少人对大禹其人、大禹治水及夏王朝产生了怀疑，逐渐把大禹及大禹治水都说成了神话人物和神话传说。20世纪初，国家"九五"重点科技攻关项目——"夏商周断代工程"结论及"夏商周年表"的公布，以及"中华文明探源工程"——禹会村遗址发掘成果的公布，当今学术界对大禹及大禹治水有了共识。但信者居多，疑者亦有。笔者通过对东汉以前有关大禹治水的文物佐证的梳理，确证大禹实有其人，大禹治水确有其事，夏王朝的存在不容置疑。

一 禹会村遗址证实了"禹会诸侯于涂山"的真实性

2013年12月22日下午，"禹会村遗址与淮河流域文明研讨会"学术成果正式予以公布。

禹会村遗址是淮河中游地区时处龙山文化晚期阶段的重要遗址，中国社会科学院考古研究所历经五年的规模性发掘，取得了丰硕的学术成果（图一、二）。在发掘和研究过程中，该研究领域的专家们给予了高度关注，多次到现场对遗迹现象进行考察和论证，对文化特征进行比较、分析和研究，先期已给遗址定性为"大型礼仪性建筑基址"。

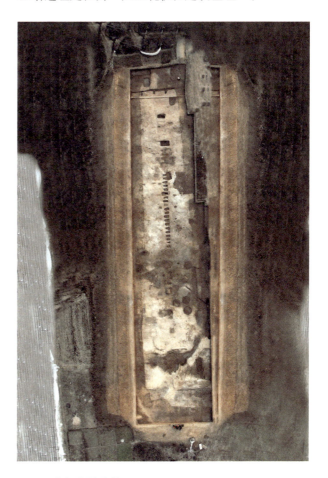

图一 祭祀台基全貌

25

图二　方土台
（版筑而成，原来高度不详，现长宽均1米）

　　本次研讨会，来自中国社会科学院考古研究所、历史研究所、中国先秦史学会、北京大学以及天津、河北、上海、江苏、浙江、山东、河南、湖北、四川，以及安徽等地的相关专家60余人，又进行了全面、深入的论证。通过对考古资料和多学科研究，大家对禹会村遗址的遗迹现象、文化特征，并结合文献记载和对涂山地望的考证，得出以下共识：

　　禹会村遗址的发掘成果，是自《左传》和司马迁以来两千多年考证、研究"禹会诸侯于涂山，执玉帛者万国"之"涂山"地望的最重要的考古学证据，其学术上的说服力是五种"涂山"说中最充分的。禹会村遗址与文献记载的"禹会诸侯"事件密切相关，遗址中所展现的经过精心设计营建、面积达2000平方米的大型而别致的"T"形坛和以祭祀为主的器物组合，以及不同区域的文化特征，大体再现了当时来自不同区域的氏族部落曾在此为实施某项重要任务而举行过大型聚会和祭祀活动，由此烘托出"禹会诸侯于涂山，执玉帛者万国"这一历史事件发生的真实性。

　　此外，中华文明探源工程在淮河流域的实施，给该地区提供了发掘和研究的空间，通过禹会村遗址所展示的考古成果，在学术上确立了淮河流域（尤其是淮河中游地区）是中华文明起源的重要地区之一，并对黄淮、江淮地区早期文明的发展产生了重要的影响。禹会村龙山文化晚期遗存，为研究该地区社会复杂化进程提供了考古学证据。因此，禹会村遗址发现的重要现象，为国家形成的探索起到了重要的学术支撑，为夏商周断代工程的结论画上了圆满的句号。

二　西周青铜器"遂公盨"有大禹治水的记载

　　2002年，北京保利艺术博物馆展出了与大禹有关的国宝文物青铜器"遂公盨"（图三）。现在，把这段铭文（经李学勤先生标点断句）用简化字收录于此：

　　天命禹敷土，随山濬川，迺差地设征，降民监德，迺自作配享民，成父母。生我王、作臣，阙贵唯德。民好明德，顾在天下。用阙绍好，益干懿德，康亡不懋。孝友，

图三 "遂公盨"铭文

訏明经齐，好祀天废。心好德，婚媾亦唯协。天釐用考，审复用被禄，永御于珉。遂公曰：民唯克用兹德，亡诲。

余世诚先生将这段铭文译成今文，其大意为：上天命大禹布治下土，随山刊木，疏浚河川，以平定水患。随之各地以水土条件为据交纳贡赋，百姓安居乐业。大禹恩德于民，百姓爱他如同父母。而今上天生我为王，我的子臣们都要像大禹那样，有德于民，并使之愈加完善。对父母要孝敬，兄弟间要和睦，祭祀要隆重，夫妻要和谐。这样天必赐以寿，神必降以福禄，国家长治久安。作为遂国的国公，我号召：大家都要按德行事，切不可轻慢！

"遂公盨"的这篇铭文，一反其他青铜器铭文的老套，以大禹功德为范例，写出君臣要为政以德、民众要以德行事的一篇有论有据、有头有尾的政论文章。这不能不让今人折服和震惊！更让人震惊的是，铭文中的观点乃言词竟和七百年后的《尚书》、《诗经》等古典文献相一致！

经孔子编序的《尚书》"禹贡"篇开首即曰："禹敷土，随山刊木，奠高山大川"。意即大禹布治大地，

沿大山砍木为记，确定各州名山大河。孔夫子为该篇作序时，也使用了"禹别九州，随山浚川，任土作贡"的词句，说大禹沿山砍木为记，疏通江河，划分九州，依据土地条件规定贡赋。《尚书》的"益稷"篇更是记述了大禹治水的具体情况，文中再次出现了"随山刊木"字句。关于"德政"，《尚书》"大禹谟"篇中记载了禹本人的高见："德惟善政，政在养民。水、火、金、木、土、谷惟修，正德、利用、厚生惟和，九功惟叙。"意思是，君主的美德在于搞好政事，政事的根本在于养护百姓。修水利、存火种、炼金属、伐木材、开土地、种五谷，还有抓教育、厚民生、促和谐，这九件事要常常讲。

三 战国楚简《容成氏》中有大禹九州治水的记载

上海博物馆收藏的战国楚简《容成氏》中，不但有九州治水的记载，而且州名不同于其他传世文献。兹用简体字引用如下：

禹亲执耒耜，以陂明都之泽，决九河之阻，于是乎夹州、涂州始可处。禹通淮与沂，东注之海，于是乎竞州、莒州始可处也。禹乃通蒌与易，东注之海，于是乎蓏州始可处也。禹乃通三江五湖，东注之海，于是乎荆州、阳州始可处也。禹乃通伊、洛并瀍、涧，东注之河，于是乎叙州始可处也。禹乃通泾与渭，北注之河，于是乎虘州始可处也。

杜勇先生著文指出：简文中的夹州为《禹贡》所无，然《禹贡》兖州有"九河"，知九河所在的夹州当即《禹贡》的兖州。明都，古泽名，《禹贡》作"孟猪"。叙在豫州，地在今河南商丘东北，与徐州邻近。而《容成氏》另有叙（豫）州，则明都所在的涂州，当属《禹贡》徐州的一部分。竞州、莒州的淮、沂二水，《禹贡》叙在徐州，则竞州、莒州亦当在《禹贡》徐州境内。《职方氏》青州有

沂山，而莒地又近沂水，或莒州略当《禹贡》的青州。瓻州亦为《禹贡》所无，所属蒌（浂）水与嘑沱相连。《山海经·北次三经》云："嘑沱之水出焉，而东流注于浂水。"又《史记·苏秦列传》说："（燕）南有嘑沱、易水。"则蒌水、易水所在瓻州当在《禹贡》冀州境内。叙州所在的伊、洛、渥、涧，《禹贡》属豫州。叙与豫通，《尔雅·释言》："豫，序也。"则叙州即《禹贡》豫州。荆州、阳（扬）州与《禹贡》同名，州域亦略相当。虘州有泾、渭二水，相当于《禹贡》的雍州。可见《容成氏》九州说，虽然州名与《禹贡》多有不同，但其州域合起来仍不出《禹贡》九州（除梁州外）之范围。

此简文中没有提到梁州，那就是《容成氏》特别是九州章，很可能是春秋时期的文本，而《禹贡》九州中有梁州则是战国时期的文本。

四　东汉武梁祠画像石有关大禹治水的记载

武梁祠石刻画像在今山东嘉祥县武翟山（旧称紫云山）下，是东汉末年嘉祥武氏家族墓葬的双阙和四个石祠堂的装饰画。其中以武梁的祠堂为最早，故名。现存画像石四十三块，画像石多用减地阳刻法，雕刻精细，造型生动。画像内容丰富，取材广泛，包括历史人物、历史故事、孝义故事、列女故事、神话传说和各种车马出行、宴筵乐舞、庖厨、水陆攻战、祥瑞灾异等，从不同的角度反映了东汉时期的社会状况、风土人情、典章制度、宗教信仰，不仅是精美的古代石刻艺术品，也是研究东汉时期政治、经济、文化的重要实物资料。

武梁祠建于东汉桓灵二帝时期，是一位举孝廉而不愿做官的文人武梁所建。将汉代人认同的上古帝王画像刻石并题以文字简介，以期流传后世。武梁祠画像石中的历代帝王像及文字题记，在北宋之前一直不为官方和学界关注，直到宋代文学家、史学家、金石考古学家欧阳修发现后才引起重视。欧阳修将画像石中的华胥氏、伏羲、女娲、少昊、神农、黄帝、颛顼、帝喾、尧、舜、禹、启历代帝王像的

文字题记收入《金石录》中，传承后世。其中大禹石刻画像题记为："夏禹长于地理，脉泉知阴，随时设防，退为肉刑。"（图四）尤为珍贵。这些石刻帝王像，成为今天我们能够看到的最早的上古帝王画像。而今更是受到国家的高度重视，得到国家的经费支持而修复。陕西黄帝陵享殿中的黄帝像即是依据武梁祠中的黄帝像复制的。现行小学历史教科书中的大禹像即是依据武梁祠中的大禹像复制的。

五　东汉《景云碑》有关大禹治水的记载

三峡考古中发现的东汉巴郡朐忍令景云碑，于2003年3月在云阳县旧县坪发掘出土，现存重庆中国三峡博物馆。2005年5月《中国书法》杂志公布了此碑初拓照片及丛文俊先生考述。2006年4月《四川文物》第1期发表了四川师范大学魏启鹏先生的研究文章《读三峡新出东汉景云碑》。该碑碑文为

图四　山东嘉祥县武梁祠东汉石刻古代帝王像

阴刻隶书，凡13行，每行约30字，全文共367字（图五）。碑成于隶书成熟和鼎盛的东汉后期，不仅是近百年来巴蜀出土汉碑中罕见的精品，而且为巴蜀古史增添了前所未有的新证。根据魏启鹏先生的断句标点，现将碑文抄录于下：

汉巴郡胸忍令广汉景云叔于，以永元十五年季夏仲旬己亥卒。君帝高阳之苗裔，封兹楚熊，氏以国别。高祖龙兴，娄敬画计，迁诸关东豪族英杰，都于咸阳，攘竟（境）蕃蔽（卫）。大业既定，镇安海内。

先人伯沇（杼），匪字慷慨，术禹石纽、汶川之会。帷屋甲帐（帐），龟车留遝，家于梓潼（潼），九族布列，裳丝兔相龙，名右冠盖。

君其始仕，天资明括。典牧二城，朱紫有别。强不凌弱，威不猛害。政化如神，蒸民乃厉。州郡竝（并）表，当享符（符）艾。大命颠覆，中年殂殁。如丧考妣，三载泣怛。退勿八音，百姓流泪。魂灵既载，农夫则（恻）结。行路抚涕，织妇暗咽。吏民怀慕，户有祠祭。烟火相望，四时不绝。深野旷泽，哀声忉切。追歌遗风，叹绩亿世。刻石记号，永永不灭。呜呼哀哉！

赞曰：皇灵炳璧，郢令名矣。作民父母，化洽平矣。百工维时，品流刑矣。善劝恶惧，物咸宁矣。三考绌来力，陟幽明矣。振华处实，遏声矣。重曰：皇灵禀气，卓有纯兮。惟汶降神，梴斯君兮。未升卿尹，中失年兮。流名后载，久而荣兮。勒铭金石，表积勋兮。冀勉来嗣，示后昆兮！

熹平二年仲春上旬，胸忍令梓潼（潼）雍讳陟字伯宁，为景君刊斯铭兮。

根据魏启鹏先生的解读论考，该碑的大意如下：

第一段说的是，东汉巴郡胸忍（今重庆市云阳县）令，为广汉郡（治地梓潼）人景云（字叔于），于永元十五年（公元103年）季夏卒。楚之景氏乃

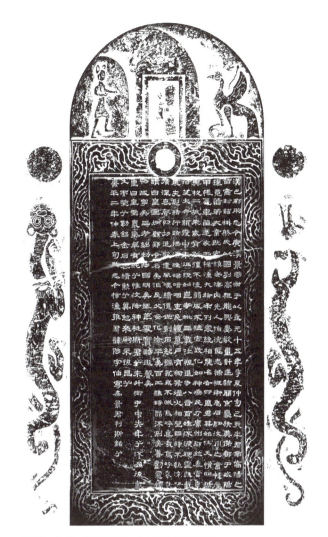

图五　东汉《景云碑》大禹治水的记载

以地为氏，景氏与熊、屈、昭虽同为高阳之苗裔，然分支已在鲧禹一脉，"祖颛顼而宗禹"，应是禹之后裔，当属女以姓。

第二段说的是，景氏的先祖伯沇（读予），他的志向慷慨。遵循大禹在石纽、汶川召集宗族各支盟誓和盟会之训。（在夏代历史上从太康到夏桀，只有伯杼一人被后世公认是遵循大禹治国之道的君主，受到尊重和祭祀）伯杼在少康中兴后，为遵循"禹石纽、汶川之会"的遗训，曾甲帐龟车，前往蜀中巡狩，瞻仰祭奠祖宗出生地。此时，包括景氏祖辈在内的鲧禹后人，九族迁徙，"家于梓潼"。九族子孙全套礼服，世代隆重祭祀先祖，让伯禹、伯杼的英名保佑夏后氏族裔绵延宏大，世为官宦。

第三段是说，景云为胸忍县令，政声显赫，百姓拥戴，贤才尚未大展却中年早逝，未能晋升到

二千石官阶。

第四段是说，先祖的光辉照耀景云成名，景云美好的声誉，盛传四方。不愧有汶山郡所降神禹的遗风。

第五段是说，熹平二年（公元173年）仲春上旬，朐忍（今云阳）县令梓潼人雍陟（字伯宁），为景云立碑刊铭。此时，梓潼为广汉郡属县（郡治已迁离），同为老乡，所以雍陟要为景云树碑立传，彰显声名。

东汉景云碑，为我们今天研究巴蜀古史提供了以下新证：

其一，提供了古蜀国与中原夏王朝紧密联系的新证。传世典籍中除了夏桀伐岷山而娶琬、琰二女（传为妹喜，即最早的雅女）之外，几乎是一片空白。大禹率族人向东发展之后，禹乡旧地如何，景云碑记述了禹后七世王、少康之子伯杼，在少康中兴后，曾按照夏王的礼制，带着悬有龟蛇之旗的车骑仪仗队伍，巡狩回蜀的史实。

其二，提供了大禹在石纽、汶川两地召集宗族各支举行盟誓和盟会的新证。碑文记述的石纽、汶川两个地名，东汉时均不是县名，而是小地名，分属汶山郡广柔县和绵虒县。西汉扬雄《蜀王本记》、三国蜀汉谯周《蜀本记》、西晋陈寿《三国志·蜀书》、晋代常璩《华阳国志·蜀志》中均无汶川县之称谓，却均有禹生石纽的记载。今北川县禹里乡石纽山"因有两块巨石，石尖纽为一曰石纽"。"石纽"二字为阳刻汉篆，传为扬雄所题。此外今汶川县、茂县、理县也有石纽山及题刻，盖因汉时同属汶山郡广柔县。但这三县的石纽山均无《四川通志》所载"因有两块巨石，石尖纽结为一"的奇观，其"石纽山"题刻均为楷书或行书，且年代较近。今北川县禹里乡石纽山下的白草河与青片河汇合处尚

有大禹治水告别家乡父老举行治水盟誓的誓水柱遗址及石刻拓片。誓水柱有禹书虫篆体十二字，宋《淳化阁帖》释为："出令聂子星纪齐春其尚节化。"其义深奥难懂，当为大禹治水出发时的誓言。另外，大禹"岷山导江"时，在汶川召集宗族各支亦举行过盟会。因此，景云碑才有"术禹石纽、汶川之会"的记述。

其三，提供了北川县禹里乡禹穴沟内"一线天"绝壁上虫篆体石刻"禹穴"二字来源的新证。《四川通志》说是"为大禹所书"，现在根据景云碑的记述，是可以相信的。也不排除为禹后七世王伯杼巡狩回蜀拜访大禹出生地禹穴沟时所书。

其四，提供了今北川县坝底乡、梓潼县、三台县景福乡等地景氏家族均来源于伯杼宗族的新证。《蜀典·禹伐尼陈山梓》记载："蜀记：夏禹欲造独木舟，知梓潼县尼陈山有梓，径一丈二寸，令匠者伐之。树神为童子，不服，禹责而伐之。"伯杼令九族迁徙，"家于梓潼"，正是为了继承大禹治水兴国为民的遗志。

其五，提供了古蜀国通往夏王朝交通要道的新证。《尚书·禹贡》记载："华阳黑水惟梁州。岷蟠既艺，沱潜既道，蔡蒙旅平，和夷底绩。……西倾因桓是来，浮于潜，逾于沔，入于渭，乱于河。"现代考古发掘证明，从宝鸡北首岭、广元营盘梁、绵阳边堆山到广汉三星堆，早在5000多年前，即已形成了从中原到蜀中的入蜀之道。夏代蜀中的贡品正是从广汉三星堆，经绵阳边堆山、广元营盘梁，经沔水上溯，翻过秦岭，入渭水，转黄河，运往夏都。而禹后七世王伯杼在距今3800多年前，正是经现在的宝鸡、广元、梓潼、绵阳到北川禹里朝拜禹生圣地。

由钟离君柏墓说到淮河一段水道的变迁

张宏明（安徽省文物局）

蚌埠市淮上区淮河北岸（距今河约10千米）双墩村钟离君柏墓的发掘，是淮河流域下游一个非常重大的考古发现，它的墓葬形制和出土的铜、彩绘陶、印纹硬陶、玉、金、蚌、土等各种质地的随葬器物，犹如石破天惊，揭示了二千六百多年前淮河以南区域的春秋方国的神秘真容，在科学研究的许多领域有着极其重要的学术价值。

在我的知识系统和学术视角看来，钟离国君柏墓的发现与发掘，起码在以下四个方面具有印证文献，补充史实，修改已有结论的三大功能。在多次参观考古发掘现场，并对蚌埠市博物馆的陈列展览的藏品进行认真观摩之后，结合相关历史文献记录，我得出相应的思考结论。

一 发掘使传说故事变成信史

在我国汉民族流传的民间故事与历史成语中，有一个"小儿争桑，大国争霸"的故事，事见《左传》与《淮南子》等典籍。讲的是春秋时期钟离（今凤阳县临淮关钟离古城）与卑梁（今天长市卑梁城）两个小国的边界邑民女童，在采摘桑叶用于养蚕的劳动中发生了争执，结果钟离人把卑梁人打了一顿。这本来是极普通的孩童间的民事纠纷，可是卑梁国

君闻之大怒，不忍小衅，发兵灭了钟离国的边邑小城。钟离国君听说后也不干了，兵强剑锋人多国壮的钟离干脆派兵灭了卑梁。事情闹得越发不可收拾，又分别引出了两个小国背后的盟主楚国和吴国的干预，最终导致楚灭钟离国、改国为县的结果。这一事件的持续时间有几十年之久，后人为了记取小不忍、惹大祸的历史教训，便把这一故事以民间文学的方式口传心授下来。

安徽省的文物部门在文物普查中发现了位于淮河南岸建立国都的钟离城遗址和位于天长市西边汉涧镇石梁（即卑梁）古城遗址，并分别将其公布为省级文物保护单位。在20世纪70年代末，在皖西舒城县城关发现的群舒国墓葬中，发现了一个青铜铸造的龙虎鼓座，被确定为一级甲等文物。鼓座上有刻出的铭文，其中有"童鹿"，古文字学家们认为就是"钟离"的音转，说明钟离与群舒也有过军事与外交的往来。但因资料太少，无法进行更深入的对比分析与综合研究。

钟离国君柏的墓葬发掘，发现了带有制度文化性质的墓葬方式、建筑结构、五花土封顶、合葬与随葬形制以及大量的兵器、铜器、货贝等许多遗物，对了解当时的物质文化史及国君生活、国力状况都有着文献记载无法比拟的直观、形象、

真切、真实的价值，对于研究钟离在与北方毗邻的徐国、南边的庐子国、卑梁国、西边的下蔡国等国的关系，有着重大历史、文化、文物、科学价值。与钟离国君墓相类似的墓葬，在凤阳县的卞庄也有发现，安徽省文物考古研究所已出版《安徽省凤阳卞庄春秋墓发掘报告》，并由科学出版社出版可资参考。

二　"泗滨浮磬"的考古学验证

在中国西周时期至春秋早期成书的第一部伟大的诗歌总汇的《诗经》中，记载了许多关于中国礼乐文明中的青铜乐器玉石乐器名称，其中就有对淮水下游地区淮夷民族的能歌善舞的描述，涉及的乐器便是当地的一种特产："泗滨浮磬"，自西周以来便用当地的特有质地细腻、颜色黝黑、音质清亮，叩之发响的安徽省皖北区域的灵璧县灵璧石为之磬，就位于古代泗水南下的位置上，至今渔钩镇盛产磬石，收藏者众，成为安徽省首选全国名石品种，有着历史悠久、历时长远、经久耐用、音色不变的多种特点，深受历代官方与广大民众的喜爱宝贵。

过去考古学发现的西周至春秋墓葬不少，有的王侯大夫墓中也有磨制成形磬石的发现。由于这些中原、山东、河北、湖北距安徽省都比较远，这些磬石的材料的质地是不是用灵璧石做的，也没有办法进行材料测定与比较研究，在一定程度上影响了器物类型学的深入。蚌埠市淮上区发现的双墩钟离国君墓出土了一批磬石标本，对于磬石类型来说，是增添了地点明确、时代清楚、大小成套的珍贵资料。对于材质来说，这是第一次在"泗滨浮磬"的故地出土的磬石，产地问题似无可疑。尤其是出土的磬的形制，虎头造型，反映了它深受虎方文化（皖中地区）的影响，又说明作为打击乐器的磬与军事乐器、钟鸣鼎食的贵族文化有着深厚关系。同时出土磬的数量显示有大小的形制差与成套使用的数量差，是一种制度反映还是地方习惯使然，也都是值得思考的现象和问题。

三　钟离国君墓的封土与南方土墩墓的关系研究

长江以南区域的吴越民族生活区，流行着与淮河以北"厚土深埋"不同的埋藏习俗，是中国南北文化不同的表相特征之一。这种"堆土掩尸、不挖深穴"的习惯，是与南方地下水位高的特点有关，从而形成了南方苏、皖、闽、浙、赣、沪多省市普遍存在的叫"土墩墓"的一种葬俗与埋葬方式，存在时代从商代晚期一直到西汉中期，影响所及则一直到今天的东南亚一带的"坟山"文化，可见影响之深远。

钟离国君墓的年代是春秋晚期，与吴国势力北上发展的年代相当。南方的土墩墓文化中最重要的外在地上起坟的形式，正是在这一时期由南方传入北方。以鲁国为例，孔子的母亲埋藏以后，地表有下陷，别人让孔子去修坟，孔子说了一段别人看似乎不那么孝顺的话，"古者不封不树"，封即起坟，树即在坟边树立木头碑。在中原及华北广大区域，远及山陕地区，至今也未发现商周时代墓葬有封土者，说明北方的确不兴坟上起封的做法。《左传》与《史记》还有记载，吴国的季札（封于今寿县）曾代表吴国出使鲁国，在过了淮河到了徐国的时候，徐国国君很好地招待了他，想要他的佩剑。季札当时没有答应，等他完成任务再途径徐国时，徐国国君已经死了，他去悼念，把剑插在墓上说：我本来已准备给他，只因出使必须佩剑。现在完成任务回国，所以可以给他，就是信诺之举。从这条史料看，当时徐国国君墓也应有封土，是受地近吴越文化的影响。

钟离国君墓，地上有封土，地下有深穴，显然受到了来自南北方文化的影响。钟离是西周中期从山东曲阜南迁淮水南岸的淮夷小国，其墓葬方式挖深穴形制受到了北方文化的影响没有问题，但吸收了当地文化习俗与一些元素，如五花土、圆形墓坑、随葬人等。在墓葬的封土形制，则吸取了南方吴越民族土墩墓的葬式。据《史记·吴世家》记载，吴国在春秋晚期经略江淮，与楚争夺。梦寿时始大，谋略北方。可能就是在此前后，土墩墓文化的封土习惯进入江淮、淮北，使江淮之间出现了群舒封土大墓、钟离与徐国封土大墓。

中国南北方文化的交流，总是从宏观的官方制度文化、中观的贵族文化、微观的民间习俗文化开始逐步的接触、交织、融合，从墓葬封土上的变化传播与扩大范围看，南方文明使中原战汉以后畅行墓起封土，是南方文化北上对中华文明的一大贡献。

四　钟离国君墓一开始就是葬在淮河北岸吗

从淮上区双墩一号墓的发掘的一开始，我就在思索这个问题，这是什么人的墓？怎么孤零零的安葬在这里？周边好像也没有什么古城和古国呀？随着墓主的身份揭秘，原来是钟离古国的国君墓，怎么葬在淮河以北了？这里古代应属徐国的土地，隔河葬坟既不便于祭祀，也不便于防护看守，到底是怎么一回事呢？

北魏郦道元注汉代桑钦的《水经》卷二十二记载"（沙水）又东南过龙亢县南，又东南过义成县西，南注于淮。"其书卷三十条淮水记载"又东，沙水注之"，紧接着记载"淮水于荆山北，涡水自南注之。淮水出荆山之左，涂山之右，奔流两山之间，西扬涛北注之。又东北迳沛郡义成县东。""又东北过钟离县北。"这几条史料把北魏时代淮水的流经几个关键点义成县东、沙水、涡水、荆山北、钟离县北交代的十分清楚。北魏时期今天的荆、涂山北面的淮河大堤尚未砌筑，淮水通过两山之间之后并不是按照现今的从涂山北折而东向流淌，而是"西扬涛北注之"，并且向北到了沛郡的义成县东与沙水汇合，再东向过今天的凤阳临淮关东二里的钟离县北继续东流。

由此看来，在春秋晚期建造钟离国柏君墓时，双墩古文化遗址与钟离国君选择墓址的地方，根本就不是在淮河以北而是在淮河以南的南岸岗地上！因为淮河"西扬涛北注之"与沙水汇合，又在汉代的义成县东，刚好义成就在今怀远县新县城的北部，与双墩遗址正是一东一西，隔淮河相望。淮河也正是在双墩遗址的北部折而东流，又过汉代钟离县北。得出这样的结论依赖于对历史文献的合理解读，也依赖对远古及中古文化遗址地理坐标的特有环境考察。在今年五月，省文化厅的一位领导委托我对安徽省申报的五处考古遗址公园的规划给予评估论证，我发现双墩考古遗址公园的规划缺少前瞻性，只是就汤下面，对周围的生态、远古环境缺少深化与细化研究，对与淮河的关系仅仅限于浅层次解读，以至于规划对遗址西边的古河道根本没有安排足够的空间，此将使双墩7000多年的古文明的阐释，极其局限。而钟离国柏君墓是这一考古遗址公园的重要组成，不能明确淮河古河道在怀远与淮上区段的历史变迁，便很难对这一重大古墓发现的位置跨河建墓给予合乎情理的解释。现在看来，是后来的淮河改道，造成了墓在河北的现象，与春秋建墓离城不远的原有习惯并没有什么大的不同的直接的关系。

由禹会村遗址考古发掘成果引发的思考

曹天生（安徽财经大学历史文化研究所）

"观今宜鉴古，无古不成今。"中国历史悠久，有文字的文明史一般认为是 5000 年，越来越多的考古将会证明，中国的文明史还要上溯更长时间。有文字的文明史时期内，由于受到生产力水平从而思想眼界的限制，再加上历史上受到书写材料和书写材料保存环境的限制，因此，历史文明和具体史实的记载并不周全，传下来的文字有的只言片语，有的支离破碎；口碑流传或真或讹，或半真半讹。以大禹治水过程中的"大禹会诸侯"这一重大历史事件为例，由于文字记载的典出不一，因而过去各地出现"借人材于异地，侈景物于一方"[1]之情事，这就给后人留下了文明史上诸多懵懂不清。为解决文明史上的断线和种种疑点，我国于 2000 年启动了中华文明探源工程，其中将蚌埠西郊涂山脚下的禹会村作为淮河中游地区的唯一一处符合探源工程要求的遗址。以中国社会科学院考古研究所王吉怀研究员为负责人的中国文明探源工程禹墟遗址考古发掘团队于 2007~2011 年先后 5 次对禹墟遗址进行了规模性发掘，并经过后期研究，取得了令人振奋的成绩，为文明探源工程提供了重要学术支撑，为淮河文化研究增添了重磅材料和系列成果。这里仅从淮河文化视野来初步分析禹会村遗址大型礼仪性建筑基址考古发掘成果在淮河文化中的地位问题。

禹会村遗址大型礼仪性建筑基址的考古发掘进一步表明，淮河中游地区是探索中国文明起源与形成问题的重要区域。近十几年来，伴随着中华文明探源工程系列研究工作的开展，淮河中游地区获得了重要考古发现，这一地区的文明起源与形成研究又有了诸多新进展，对淮河中游地区在中国文明起源及形成过程中的地位与作用等问题也产生了许多新的认识。作者在敬赏这些考古新成果时，也不由得生起对涂山大禹文化和淮河文化（或淮河文明）关系的进一步思考。

一 禹会村遗址发掘成果大大丰富了涂山大禹文化的内涵

文化可以做各种各样的解读，一种比较典型的分类法将文化分成器物（物质）文化、制度文化和精神文化这样三个维度，实际上这种划分法仅仅是为了某种叙述问题的需要而加以划分的，如人造的器物就凝结了精神维度的文化，也是一定时代制度下的产物，每个时代的器物也都会打上所处时代"制度"的烙印的；制度维度文化本身实际上也是精神文化的产物，因为，任何制度都是具有理性思维的人去制定的。另外，制度是有形的，也有无形的，有刚性的，也有柔性的，如法律条规，印成书本，贴在墙上，规定三更半夜不准走出城墙，就是有形的、刚性的，如习俗、风俗就是无形的制度，是约定俗成的，执行起来大部分有弹性。所以，无论我们怎样将一种文化拆解开来认识都是有缺陷的。拆解列序的唯一有效性在于讨论研究问题的方便，增强我们对文化整体性的认识。

我们现今说的涂山大禹文化，作为一种我们具有景仰情感，并赋予某些我们当今时代的一些企盼性，偏重于某种思想倾向和文化元素，是我们企图从遥远时代的"实在"中和当下的"实在"找到集合点，并赋予未来历史走向起引导性作用的文化。无疑，这主要还是精神层面的文化。大禹文化中精神层面的正向文化部分是我们当今建设社会主义新文化，建设社会主义核心价值体系中所要继承和发扬的优秀文化。对大禹涂山文化这一中华文化的重要元素的研究和界定，可由此让我们更加能够深刻理解文化的含义和作用："文化是一个国家、一个民族的灵魂。文化兴国运兴，文化强民族强。没有高度的文化自信，没有文化的繁荣昌盛，就没有中华民族伟大复兴。要坚持中国特色社会主义文化发展道路，激发全民族文化创新创造活力，建设社会主义文化强国。"[2]

许多学者对何谓涂山大禹文化做了深入的探讨，尤其蚌埠地区的学者，着力更勤[3]。他们将大禹文化中大禹精神概括为"公而忘私、形劳天下的公仆精神，勇于改革旧规的创新精神，重视调查研究、遵行自然规律的科学精神，从善如流、任人唯贤、继承禅让制的民主精神，发展生产、治理河川、心系民生的民本精神，只争朝夕的拼搏精神，'德''法'并重的善政精神，率众平叛的无畏精神。"[4]这显然是一种我们在上面指出的"企图从遥远时代的'实在'中和当下的'实在'找到集合点，并赋予未来历史走向起引导性作用"一种归纳，是用时代话语诠释的大禹精神的一种表达，这种表达无疑带有鲜明的时代（当下）色彩。

当然，大禹文化不是大禹精神所能全部代表的，大禹文化还有除精神文化层面以外的丰富内涵。根

据中国社会科学院考古研究所、蚌埠市文化广电新闻出版局、蚌埠市禹会区政府编印的《大型礼仪性建筑基址禹会村遗址》一书，我们得知，大型礼仪性建筑基址禹会村遗址作为一种文化遗存，就构成大禹文化的重要组成部分。根据该书所述内容，这些重大收获主要有：沟槽、烧祭面、方土台、带柱洞的长方形土坑；烘托着祭祀的宏大场面和规模的大型祭祀沟；竖穴深坑上下叠压埋藏的完整器物、圜底深坑分层抛弃埋藏器物、平底浅坑单层埋藏器物、平底深坑单层埋藏完整器物、圜底深坑单层抛弃埋藏完整器物；具有丰富文化内涵的圆圈遗迹；大型简易式工棚建筑等，这些都是新发现的关于大禹文化的新材料[5]。

如果说我们暂且认同"公而忘私、形劳天下的公仆精神，勇于改革旧规的创新精神，重视调查研究、遵行自然规律的科学精神，从善如流、任人唯贤、继承禅让制的民主精神，发展生产、治理河川、心系民生的民本精神，只争朝夕的拼搏精神，'德''法'并重的善政精神，率众平叛的无畏精神"是"大禹文化"的精神文化维度的文化，那么我们还应该从中提炼出大禹文化中精神维度文化的核心。

那么，什么是一种文化的核心呢？我们认为，精神维度文化的核心必须具备这样几个要件：一是高度一致的公认；二是必须有高度一致的可靠文献征信；三是这个核心必须具有高度的解释力即逻辑力；四是这个核心表述的话语必须不会因时代的改变而改变，能够穿越时空，跨越国度；五是这个核心表述的话语必须十分简洁、精准，不产生任何歧义，尤其为普通民众所能记忆；六是这个核心必须具有时代的穿透力，不可能产生任何的伪饰和伪释；七是这个核心必须具有高度的文化象征性。

根据以上，我们认为，所谓大禹文化[6]的核心其实就是"大禹治水"精神，而"公而忘私、形劳天下的公仆精神，勇于改革旧规的创新精神，重视调查研究、遵行自然规律的科学精神，从善如流、任人唯贤、继承禅让制的民主精神，发展生产、治理河川、心系民生的民本精神，只争朝夕的拼搏精神，'德''法'并重的善政精神，率众平叛的无畏精神"，

实际上就是大禹治水精神的具象内容。将大禹文化的核心界定为"大禹治水"具有从古至今人们的高度的公认，也是几千年来人民对之的高度凝练；有高度一致的可靠文献征信，以《史记》为代表的诸多史籍对之有明确记载；有高度的解释力即逻辑力，只有"大禹治水"才能构成大禹文化的核心；表述话语从未因时代的改变而改变，表述的话语十分简洁、精准，不产生任何歧义，尤其成为普通民众甚至孩童的脱口表达的词语；具有时代的穿透力，不可能产生任何的伪饰和伪释；具有高度的文化象征性，无论在中国本土还是其他国度，大禹总是和治水连接在一起。试想，如果我们抛开大禹治水来谈大禹文化，大禹文化还有灵魂吗？如果我们非得给予解释什么是"大禹治水精神"的话，我们也可以界定归纳为：大禹带头治水、科学治水、反复治水、终身治水、团结治水、到处治水等。"坚韧不拔""百折不挠""身先士卒""万众一心""三过家门而不入""禹风厚德"等词汇便是大禹治水精神深入人心的写照。

这样看来，大禹治水精神是大禹文化的精髓，根据笔者可能十分有限的读到的材料来看，似乎都可以凝结到"大禹治水"：

"大禹会诸侯于涂山，执玉帛者万国"，如果没有大禹治水的功劳，可以遥想，当年会有"万国"来会吗？显然，治水是"万国"之共同遇到的问题，是"万国"的事业，是天下共同福祉之所系，大禹在治水方面最有办法，最有功劳，有谁不愿来？即使有谁对大禹心存嫉妒，即使为撑门面也要来，而且谁不来，谁就会触霉，触犯众怒，必遭报应[7]。

大禹治水方有夏朝之始。有曰："帝舜荐禹于天，为嗣。十七年而帝舜崩。三年丧毕，禹辞舜之子商均于阳城。天下诸侯皆去商均而朝禹。禹于是遂即天子位，南面朝天下，国号曰夏后，姓姒氏。"[8]显然，大禹因为治水的特大功劳而能立朝，并开历朝历代之始。

当然大禹的历史功绩不仅仅是治水，但最伟大的历史功绩就是治水，"大禹"和"治水"是紧密相连的。正因为大禹治了水，所以才有获得了后人

的景仰。人们为了纪念大禹，后人分别在全国诸多地方先后建起了纪念大禹的建筑，比较有代表性的，如安徽蚌埠涂山的禹王宫、河南登封东关禹王庙、西关禹王庙，湖北省宜昌市三斗坪镇的皇帝庙禹王殿、汉阳龟山东麓禹王宫（又名禹稷行宫），湖南省衡山的禹王城，山东省禹城市的禹王亭，山西省夏县的禹王庙，陕西省的韩城大禹庙，四川北川的禹王故里坊、汶川禹王祠，浙江绍兴的大禹陵、会稽大禹像等，除此外，几乎遭遇过水患的地方，都建有大大小小的禹王庙以加供奉，就连贵州凯里一个叫下寺镇的古镇里，也建有禹王庙[9]。几乎毫无例外的是，人们纪念大禹，主要就是颂扬他的治水功绩，传扬他种种与治水相关的故事，其他方面都居其次。历代历史文献中，记载大禹事迹的主要方面是治水。鲁迅先生还于1934~1935年间用荒诞的文学描写形式著有《理水》小说，借夏禹这个传说中的英雄热情歌颂了"中国的脊梁"式人物的伟大，同时还辛辣地讽刺了那些不关心底层大众疾苦，一心搜刮民脂民膏的官僚阶层，讽刺了那些顽固保守、因循守旧的丑恶文人。

总之，离开治水，离开"大禹治水精神"，就无法谈及大禹文化。大禹文化如何概括，可以仁者见仁智者见智，但"大禹治水精神"是其核心、灵魂，这是确定无疑的。

禹会村考古发掘给大禹文化增添了诸多文化新材料，这些都可以与大禹治水直接和间接的联系起来。经禹会村考古发掘负责人王吉怀先生等人的研究认为："发掘现场显露的人类堆筑遗迹，对考证'大禹治水'和'禹会诸侯'的历史，进而对研究中国古代文明在淮河流域的起源和发展，都具有极其重要的学术价值。"[10]王吉怀先生还分析道："我们在探索江淮地区文明起源的进程遗迹后来如何汇聚、如何加速王朝国家的形成过程，禹会村遗址的考古发掘就自然地显示出了很重要的意义。因为大禹与涂山紧密相连，涂山又与禹王会诸侯存在着内在的联系，禹会村遗址的考古资料已经提供了重要迹象，如果能够把它的面貌比较完整地揭露出来，对于研究中华文明起源是非常重要的材料。同时，

遗址中寻在的大型的人类堆筑遗迹，'大禹治水'和'禹会诸侯'的历史，进而对研究中国古代文明在江淮地区的起源和发展，都具有极其重要的学术价值。"[11]对于禹会村发掘研究与大禹治水的关系，还有的专家得出自己结论："禹会村遗址现在的海拔为 32 米而遗址附近的淮河现在的洪水位也仅为海拔 18 米。因为安徽淮河流域在 4100aBP 后气候趋向干旱，使得禹会村遗址逐渐远离水源，农业生产受到制约，事物来源减少，从而使以农业为主的龙山文化发展受到制约，人们被迫迁徙。至 4100aBP 前后的龙山文化晚期，禹会村的遗址基本被废弃。从禹会村一直研究的结果来看，历史上'大禹治水'的成功是区域环境向着干旱变化的结果。"[12]"龙山文化后期洪灾发生频繁，这是'大禹治水'存在的客观前提。无论从禹会村的村名的由来、涂山山名的史料记载、还是发掘的为举办大型祭祀和重要仪式而人工堆筑的'T'型夯土台，以及淮河流域一带流传的与'大禹治水'有关的历史典故和后人为纪念大禹修建并现存的相关建筑，都表明禹会村遗址可能是与'大禹治水'密切相关的重要治水发生地。因此，禹会村遗址是研究中华文明早起在淮河流域的起源于发展及其与环境关系、求证大禹在淮河流域治水史绩、探索江淮地区文明起源的进程的重要资料。"[13]这些都为我们研究大禹文化增添了新的带有启示性的意见。

总之，禹会村遗址发掘大大丰富了涂山大禹文化的内涵，给涂山大禹文化的深入研究带来了新的生机和活力，从而也给淮河文化研究带来了新的学术养料。

二 禹会村遗址发掘成果进一步坚定了我们对淮河文化特质的认识

通常所谓"淮河文化"，实乃"淮河流域文化"的简称。顾名思义，"河""流域"都是"水"和"水流过区域"的别称。淮河文化的特质当然是"水文化"。根据《清代淮河流域洪涝档案史料》一书中之"淮河流域清代行政区划图"，淮河流域包括有山东、河南、安徽、江苏、湖北 5 省各一部分的广大地带[14]。"流域"（drainage basin）的地理学解释是："又称'集水区'。水体的地面集水区和地下集水区的总称。"[15]《现代汉语词典》关于"流域"的定义是："一个水系的干流和支流所流过的整个地区"[16]。可见，作为流域文化，总是与水紧密相连的，无水则不成流域。淮河流域，是指淮河的干流和支流区域的广大地带，其干流与支流密布上述 5 省的 40 个地（市），181 个县（市）。这样一种称谓的文化，当然是"水淋淋"的。

淮河流域干流长 1000 余公里，东西长 700 公里，南北宽 400 公里，总面积 27 万平方公里，相当于两个安徽省的面积。其中淮河水系集水面积 19 万平方公里。淮河干流发源于河南省桐柏山的太白顶，蜿蜒东行，流经河南、安徽，汇集沿途千流百溪而入江苏省的洪泽湖，再经洪泽湖调蓄后分两路入江入海。根据地形和河道特性，淮河可分为上、中、下三段。其中，从桐柏山源头到河南、安徽交接的红河口为上游。从洪河口到洪泽湖出口处的中渡是淮河的中游，是淮河平均比降最小的河段。从洪泽湖出口处的中渡到三江营是淮河下游的入江水道。淮河干流由洪汝河水系、颖河水系、涡河水系、西淝河水系和淮南支流浉河、滑河、汲河、沣河、窑河、池河等组成。

淮河流域还包括泗沂沭河水系包括泗河水系、沂河水系、沭河水系、南四湖湖西区骨干河道水系等；包括运河、故黄河水系包括故黄河水系（亦称黄河故道、废黄河）、里运河水系、韩庄运河水系、梁济运河水系等；包括滨海诸河水系包括里下河地区"四港"、灌河和古泊善后河水系等；还包括密布的湖泊，以洪泽湖、南四湖、骆马湖为最。我们认为，淮河流域文化与一切其他流域文化一样，是以"水文化"为特质的。

显现淮河文化特质的方面还有很多：

淮河作为我国的第三大河，是我国南北方划界的自然地理分界线，这是特有的观念文化。淮河流域地处我国南北气候的过渡带，淮河以北属暖温带区，以南属别亚热带区，气候温和，年平均气温为

11~16°C。气温变化由北向南，由沿海向内陆递增。无霜期为 200~240 天。

由于淮河流域地理位置十分重要，凡流域地区一般地势平缓，易攻难守，历来是兵家必争之地，所以本域的军事文化（有称军旅文化）色彩较为浓厚。淮河流域除西部、西南部和东北部为山区、丘陵区外，其余均为平原地带。山地、丘陵面积约占总面积的三分之一，平原面积约占三分之二。

淮河流域物产丰富，农业耕作文化水平较高之区，显示出典型的流域农业文化特征。淮河流域耕地面积 1333 公顷，主要物产有小麦、水稻、玉米、大豆、棉花和油菜。全流域在我国农业生产种占有举足轻重的地位。淮河流域的各类资源十分丰富，煤炭、盐、鱼类等各种资源丰富。

淮河流域是自然灾害频繁发生的地区，由于历史上黄河长期夺淮的原因，使得淮河入海无路，入江不畅，加上特定的气候和地面条件，淮河流域历史上洪、涝、旱、风暴潮灾害频繁，全流域内的大洪、大涝、大旱、大潮等自然灾害往往交相出现。防灾抗灾救灾成为淮河流域人民的生活常态。

淮河流域历来是我国人口最为密集的地域，流域面积占大陆面积的 2.8%，流域人口达 1.9 亿（2001 年资料），耕地面积约占全国的 12.5%。同时也是各民族人口融汇之所，显示出独特的过渡性人口文化特征。

淮河流域的南部和北部地区分别与长江流域的北部地区和黄河流域的南部地区相互交汇，历史上常常因河道水利变动而使流域界线发生变动，显示出淮河文化的丰富性、深厚性和与相临地域文化的交融互渗性。淮河流域除具有本流域文化的特征特点外，还有明显的中原文化、黄河文化（亦称黄河文明）的特征，还受到长江文化、楚文化的影响，同时由于历史上水路、陆路交通的发达，外域文化也传播渗入到淮河流域，如佛教文化、基督教文化、伊斯兰教文化等都在本流域传布，久而久之，甚至形成淮河文化的组成部分。由于淮河流域的广大，在流域内部也形成了形色各异的文化，彰显了淮河文化的丰富性。

形成反映与水患斗争精神过程中的花鼓灯、花鼓戏为代表的多种富有浓郁地方特色的民间艺术文化形式和形形色色的非物质文化遗产，等等。

由淮河文化水的特质所决定，使淮河流域文化有自己的区别于其他流域文化的东西。厘清淮河流域文化的特质，有助于我们明确淮河流域文化研究的目标和方向，最紧要的一点，作为对淮河流域文化的学术研究，我们既要研究作为流域文化共性的东西，而且更为根本的是要研究本域文化的个性、特色的方面。

淮河文化的核心是"水利文化"（治水文化）。在淮河流域，历代劳动人民改造自然、征服淮河的内容，淮河流域人民有着悠久的治水历史，古代灌溉工程芍陂（今称安丰塘）、人工运河邗沟、鸿沟、京杭大运河、浮山堰、洪泽湖大堤等，这些工程闪烁着古代劳动人民的智慧之光。新中国成立后，在党和人民政府的领导下，人民治淮又取得了辉煌的成就，因而形成了淮河流域独特的水利文化（治水文化）。新中国后的"治淮精神"是淮河文化中精神文化的精髓，是大禹治水精神在当代的延续和发展。从我们今天架构淮河文化研究的认知体系来看，我们主张淮河文化是淮河流域文化，其特质是水文化，而水文化中的水利文化（治水文化）是淮河文化的核心。

由是观之，对涂山大禹文化在淮河文化中的地位认识的连接主要是"水""治水"和"治水精神"，这样就有了可以相互比照延接的精神内涵。根据我们以上的讨论，大禹的主要历史功绩是治水，"大禹文化"的核心精神是"大禹治水精神"，"大禹文化"的其他方面以"大禹治水精神"为同心圆；而淮河文化的核心是"水文化"，淮河文化的核心精神也同样是"治水精神"（如治淮精神等），淮河文化的其他方面也都以"治水"为同心圆。这样就将两种文化连接起来，有了一个内在的连接环。也正是基于这样的认识，我们在研究淮河文化的定义是："淮河文化是淮河流域文化域内各种文化样态的总和，是千百年来生活在淮河干、支流地域的人们日积月累而形成的主要以流域文化为特质的、以水利文化为核心的、以淮河干流区域文化为代表的地域文化。"[17]

考古新成果也越来越证明,淮河流域与黄河、长江流域等一样,都是中华文明的重要组成部分,大型礼仪性建筑基址禹会村遗址的考古发掘成果给我们提供了进一步的判断力量。附带说一下,如果我们面对以王吉怀先生为代表的一批考古工作者对禹会村遗址发掘的成果,再读一下顾颉刚先生的《与钱玄同先生论古书答刘胡两先生书》[18],你会别有一番滋味在心头。

习近平总书记在一次讲话中论述到:"在5000多年文明发展进程中,中华民族创造了博大精深的灿烂文化,要使中华民族最基本的文化基因与当代文化相适应、与现代社会相协调,以人们喜闻乐见、具有广泛参与性的方式推广开来,把跨越时空、超越国度、富有永恒魅力、具有当代价值的文化精神弘扬起来,把继承传统优秀文化又弘扬时代精神、立足本国又面向世界的当代中国文化创新成果传播出去。要系统梳理传统文化资源,让收藏在禁宫里的文物、陈列在广阔大地上的遗产、书写在古籍里的文字都活起来。要以理服人,以文服人,以德服人,提高对外文化交流水平,完善人文交流机制,创新人文交流方式,综合运用大众传播、群体传播、人际传播等多种方式展示中华文化魅力。"[19]禹会村遗址发掘成果,是印证历史典籍记载、验证历代人们的口头传说、呈现地下富藏文物的综合性考古杰作和代表作,为我们提供了一份宝贵的具有实物展示价值、思想资料价值、书写纪事价值等多方面价值的材料。由此我们可以毫无悬念地得出结论:涂山大禹文化既是淮河文化的重要组成部分,更是博大精深的中华民族灿烂文化的重要组成部分。凡在淮河流域范围内的一切古往今来的事物都构成淮河文化的要素、因子,都是淮河文化的组成部分。我们之所以说涂山大禹文化是淮河文化的"重要"组成部分,是因为涂山大禹文化和淮河文化的核心内容相一致,这便是水文化,特别是治水文化、治水精神。我们之所以说涂山大禹文化是中华文化的"重要"组成部分,是因为涂山大禹文化是大禹文化的集中体现,是影响世世代代中华儿女的精神因子,也是跨越国度、超越时空的中华文化的象征。

注 释

[1] [清]洪亮吉(1746~1809年)语。[清嘉庆]李德淦主修、洪亮吉纂《泾县志·卷首·洪序》,黄山书社,2008年,泾县地方志办公室整理本,正文前页。洪亮吉,清代经学家、文学家。初名莲,又名礼吉,字君直,一字稚存,号北江,晚号更生居士。阳湖(今江苏常州)人,祖籍安徽歙县。乾隆五十五年科举榜眼,授编修。嘉庆四年,上书军机王大臣言事,极论时弊,免死戍伊犁。次年诏以"罪亮吉后,言事者日少",释还。居家十年而卒。文工骈体,与孔广森并肩,学术长于舆地。洪亮吉论人口增长过速之害,实为近代人口学说之先驱。

[2] 习近平:《决胜全面建成小康社会 夺取新时代中国特色社会主义伟大胜利——在中国共产党第十九次全国代表大会上的报告》,《党的十九大报告辅导读本》,北京:人民出版社,2017年,第40页。

[3] 蚌埠市涂山大禹文化研究会、蚌埠市博物馆编印,蚌埠市著名文化学者王绍义先生主编《大禹文化资料荟萃》(《涂山信息》)之一、之二,其上有有关大禹文化的各种文献资料、有关大禹文化的词条、有关大禹文化的研究等。

[4] 详见蚌埠市涂山大禹文化研究会、蚌埠市博物馆编印,蚌埠市著名文化学者王绍义先生主编,《大禹文化资料荟萃》(《涂山信息》系列专辑之二),第5~26页。蚌埠市于2007年开始曾就蚌埠城市精神展开过讨论,其中对大禹精神也有着各种各样的表述,各有侧重,各有特色,这里从略。

[5] 详见中国社会科学院考古研究所、蚌埠市文化广电新闻出版局、蚌埠市禹会区政府编印:《大型礼仪性建筑基址禹会村遗址》,第3~6页。

[6] 涂山大禹文化的一般是大禹文化,涂山大禹文化是大禹文化的具体,这里是从大禹文化一般来说明问题,

二者是一致的。

[7] 传说中防风氏姗姗来迟，即被斩决。

[8] 《史记·本纪·夏本纪》。

[9] 2016 年 7 月 28 日，笔者到贵州省凯里市远郊的下寺镇进行学术考察，在该村一条古巷道内，就发现一个禹王庙，虽然不大，但年头颇远。

[10] 王吉怀、赵兰会：《禹会村遗址的发掘收获及学术意义》，《东南学术》2008 年，第 1 期；又见中国社会科学院考古研究所、蚌埠市文化广电新闻出版局、蚌埠市禹会区政府编印：《大型礼仪性建筑基址禹会村遗址》，第 39 页。

[11] 王吉怀：《江淮之间地区区域性聚落考古研究的新进展——禹会村遗址发掘的学术意义》，《中国社会科学院古代文明研究中心通讯》第 15 期；又见中国社会科学院考古研究所、蚌埠市文化广电新闻出版局、蚌埠市禹会区政府编印：《大型礼仪性建筑基址禹会村遗址》，第 43 页。

[12] 张广胜等：《安徽禹会村遗址 4.5~4.0ka BP 龙山文化的环境及环境考古》，《地理学报》2007 年第 7 期；又见中国社会科学院考古研究所、蚌埠市文化广电新闻出版局、蚌埠市禹会区政府编印：《大型礼仪性建筑基址禹会村遗址》，第 49 页。

[13] 张广胜：《安徽蚌埠禹会村遗址底层分布》，见中国社会科学院考古研究所、蚌埠市文化广电新闻出版局、蚌埠市禹会区政府编印：《大型礼仪性建筑基址禹会村遗址》，第 57 页。

[14] 水利电力部水管司、水利电力科学研究院编：《清代江河洪涝档案史料丛书·清代淮河流域洪涝档案史料》，中华书局，1988 年。

[15] 《地理学词典》，上海：上海辞书出版社，1983 年，第 607 页。

[16] 《现代汉语词典》，北京：商务印书馆，1984 年，第 726 页。

[17] 曹天生、朱光耀主编：《淮河文化导论》，合肥工业大学出版社，2011 年，第 10 页。

[18] 顾颉刚：《与钱玄同先生论古书答刘胡两先生书》，《顾颉刚古史论文集》，第一册，中华书局，1988 年版；最早可见《努力》增刊《读书杂志》第 11 期，1923 年 7 月。

[19] 习近平：《提高国家文化软实力》（2013 年 12 月 30 日），《习近平谈治国理政》，北京：外文出版社，2014 年，第 161~162 页。

禹会村遗址的治水文化解读

张广胜（皖西学院资源环境与旅游管理学院）

郝李霞（合肥工业大学资源环境工程学院）

禹会村遗址是位于安徽淮河流域蚌埠市境内的一处典型的龙山文化晚期人类活动遗址，是淮河流域中华文明探源工程的一处重要遗址，对淮河流域古代文明的发展以及对整个中华文明进程具有重要的意义，前期很多学者对该遗址开展了相关的研究工作[1-3]，对解读该遗址的文化内涵，已经有了大量的成果出版[4-5]。学者们普遍将该遗址与"大禹治水"联系起来，认为禹会村遗址就是历史记载的"禹会诸侯于涂山，执玉帛者万国"的发生地。但关于该遗址的很多文化现象，尚有较多待解之谜，目前还没有确切的定论和解释，本文尝试从治水文化角度对该遗址的特征做进一步解读，从治水文化的诸多环节，如祭祀仪式的庄重性、祭祀仪式场地人工改造的明显性、祭品用具的简陋性、人员规模宏大等特征方面，对禹会村遗址的部分文化遗存进行了分析。

一 治水文化及其内涵

洪水灾害一直影响人类文明的重要的自然因素之一。与洪水做斗争的历史，一直是人类文明史的浓墨重彩的一笔。由于当时人类科学技术条件低下，劳动工具简单，人类的治水活动基本靠人力解决，与之对应的，人类对自然界的认识水平不高，洪水的肆虐，往往在人们内心深处造成恐慌，像是有一双无形的手在造就了一场场大洪水，甚至长年累月的洪灾，这样就产生了对神灵的崇拜，认为神灵的旨意是洪水产生的直接原因，因而在治水过程中往往会对神灵的祭拜，祈求洪水能顺利消除。人们长期在治水过程中，与其有关而形成的治水文化，也是在古文化传承中重要的一部分。

关于治水文化的概念，有学者提出所谓治水文化，是指人类在躲避、逃避因水而引起的自然灾害（即水旱灾害），在除水害、兴水利、保护水资源以及与此有关的历史实践活动中所形成和创造出来的物质文化与精神文化（如制度、技术、知识、思想与价值、艺术、风俗习惯等）的总和[6]。可以看出来，治水文化是人类不断同自然界的洪水灾害做斗争而形成的物质和精神文化。有的是以实物形式存在，如治水的核心人物、水利工程、祭祀场所和建筑、治水工具等；有的是以精神和文化符号传承下来的，如治水精神、祭拜的神灵、口头传唱的民歌、纪念日、民风民俗以及形成的传说和故事等。

从前人的研究可以看出来，治水文化一定是由人们所创造，依托一定的地理环境，而且要有长期的治水的实践。能够形成这种文化，说明要有水灾的持续时间长或者周期性强、影响范围广、灾害性大等特点，因而治水要有一定的组织性，需要借助于大量的人力物力，因此文化的传承在一定的区域具有较大的影响，这种文化才能得以产生、存在和延续。

二 禹会村遗址概况及其文化定义

（一）禹会村遗址概况

禹会村遗址又名禹墟，位于涂山南麓，现属于安徽省蚌埠市西郊禹会区马城镇禹会村。先期勘探得知分布的范围自河体东岸至大堤下及禹会村（前郢村）之下，东西宽约300米，南北长约2000米，面积约60万平方米。后期又配合206国道的施工，进行了详细的钻探，进一步确认了整个遗址被禹会村所叠压，总面积近200万平方米，但遗址的北部分布有双墩文化遗存，中部分布有大汶口文化遗存，南部为龙山文化遗存。从遗迹的分布情况看，龙山文化是主要的文化遗存，其分布面积至少要大于60万平方米（图一），这是一处较大的龙山文化时期

遗址。前期发掘的遗存有大型祭祀台基以及台基上的沟槽、圜底坑、烧祭面、方土台、长排柱坑等遗迹。出土有陶器、磨石、草木灰、兽骨、兽牙等。作为淮河流域大型的龙山文化遗址，为淮河流域文明化进程的研究提供了重要资料。2007年，禹会村遗址被列入国家文明探源工程。2013年5月，被国务院核定为第七批全国重点文物保护单位。

（二）禹会村遗址的文化定义

禹会村遗址自从发现、发掘到文化解读，一直受到社会的广泛关注。其中以2013年12月在蚌埠召开的"禹会村遗址与淮河流域文明研讨会"吸引了来自全国的考古专家，北京大学教授、著名学者李伯谦宣布，禹会村遗址与文献记载的"禹会诸侯"事件密切相关。至此关于禹会村遗址的文化内涵的解读已经得到相对权威的定论。

但正如科学的发展一直是向前的一样，尽管禹会村遗址目前从考古界得到相对的文化界定，但从遗址发掘至今，尚有很多现象尚未得到合理解释，

图一 禹会村遗址地理位置图

仍然有很多待解之谜。关于遗址的一些关键遗存的解读，如果从"治水文化"角度去解读该遗址的诸多文化现象，可能会为我们打开思考这一遗址文化内涵、解释遗址特有遗存现象的新思路。同时，遗址中存在的大型的人类堆筑遗迹，对考证"大禹治水"和"禹会诸侯"的历史，进而对研究中国古代文明在江淮地区的起源和发展，都有着极其重要的学术价值。

三　禹会村遗址的治水文化遗存

（一）禹会村遗址的地理位置与治水活动有关

洪水灾害指因大雨、暴雨或持续降雨使低洼地区淹没、渍水的现象，它可分为局部性的和大面积流域性的。大禹治水时期的洪水灾害是整个流域性的，这可能与当时的自然环境的演变有很大关系，已有学者对此都做了研究[2-3]，这也与文献的记载相吻合。可以说，洪水灾害是夏朝建立前的人们共同面对的严重自然灾害。

从自然地理学角度来说，流域性洪灾发生的地区，都是河流自然形态发生较大改变的地区。禹会村遗址所在的地理位置，也是淮河目前河道弯曲度较大、河床穿山而过、河床狭窄、地势平坦的地方。

早期的涂山和荆山便是淮河的一道天然屏障（图二），挡去了淮河的自然流向，加剧了洪水的泛滥，这也是洪水发生的重要条件，也使淮河流域成为大禹治水重要活动场所有了前提，也成就了禹会村遗址是一处大型的治水出征和水灾祭祀场地，历史记载的"禹会诸侯于涂山，执玉帛者万国"的发生地。根据这一分析，已使"大禹治水"在该地区存在具备了真实的地理背景。

（二）禹会村遗址大型仪式举办地与治水活动有关

禹会村遗址是一处大型的礼仪性建筑遗址，禹会村遗址特征也符合治水仪式的庄重性。治水文化非常重视的对神灵的推崇，在科学技术极度低下的史前时期，人类与自然界相比，人力远远不足以抵御自然界的灾害，因此，人类长期的与自然灾害抗争挫败感，使得人们相信这是一种邪恶的神灵力量在肆虐人类，他们幻想着要借助于一个善良之神去战胜另一个邪恶之神，因此治水文化的神灵膜拜也就理所当然，也就相应促生了治水的祭拜仪式，这在禹会村遗址的大型祭祀台以及台面上的柱坑得到很好的体现，反映人们治水时期对神灵的祭拜。

在古代生产力低下，人们将洪水现象视为神灵

图二　禹会村遗址的涂山和荆山位置图

的旨意，往往把它与某个神灵联系起来，所以祭祀可能有三种情况，一种是对水神的膜拜，满足其假想的需求，使水神能够带走洪水；一种是被动的祈求神灵的庇佑，呼唤神灵出现，打败引起洪灾的妖魔，消除洪水；一种是人们团结起来，自人类自己的力量与洪水博斗，这就要求在此之前，举行一个必要的出征仪式，鼓舞士气，抑或祈求得到神灵的庇护，赐予力量。而禹会村遗址的从目前来看，可能是停留在对水神和山神的崇拜和祭拜上，对于水神的祭拜，是洪灾发生时人们最基本的第一能想到的，祈求水神带走洪水，让人们安居乐业；而对山神的祭拜，是大禹治水时期，由于治水需要，对淮河涂山和荆山进行开凿山体，疏通河道，怕惊动山神，开工之前进行祭拜山神也便是情理之中的事。

另外，在治水的过程中，需要各个邦国的参与，人员数量大，仪式的规模大，需要的祭祀物件量大，这就很好解释了在禹会村遗址出土的大型夯土台、数量诸多的夯土台上的柱孔，大量的低温烧纸的陶器等。祭祀台基西侧长达百米以上的专属通道，烘托出祭祀台基是一个神圣的地方，在严格的组织下，有统一的进出场程序，是一个庄严的场所。这些都可能与当时祭拜天地与诸神，缔约联盟，出征宣誓，凯旋庆功等有关，这与当今的大型工程开工、工程竣工、合作交流、誓师大会等有很多相似之处，我们可以在今天遗留的文化传承中去找寻过去的答案。

（三）禹会村遗址大型夯土台和柱孔与治水活动有关

禹会村遗址中现存的 2000 多平方米的大型祭祀台基，是一处经过人工实施的具有专一性功能的大型盟会场所。经过挖槽、堆筑灰土、铺垫黄土、覆盖白土，最后形成一个南北长 108、东西宽 13~23 米不等的巨大的白土覆盖面。祭祀台基面的中轴线上附加了一系列的相关设施，与宏大的祭坛场面浑然一体，成为不可分割的重要组成部分，如近百平方米的烧祭面、1 米见方的方土台、长达 50 米并一字排开的 35 个柱坑等，证明了盟会过程中曾经进行过繁杂的具有宗教意义的礼仪性活动（图三）。

图三　禹会村遗址大型夯土台及柱孔图

在治水由于其工程量浩大，水灾具有流域性的特征，往往水灾的影响范围较大，涉及很多邦国子民的生命安危，各个邦国的国主也都会将治水作为头等大事来做。这一方面要求各个邦国要同心协力，共同应对水患，另一方面，也是各个邦国共同的迫切意愿，治理共同的水患。这就会产生邦国因为水灾治理而结盟，治水首领可能是当时最具有号召力的领袖。而要集中本来分散的力量，就要举行某种仪式，共同宣誓或者举行结盟，效忠治水首领，达到有组织的共同行动。而要举行这种仪式，往往就会要在一定的祭祀台上进行仪式的举办。而禹会村遗址目前发现的大型夯土层台地，与举办这种仪式是息息相关的。因此大禹治水的过程，可以说是一个各部落之间融合的过程，大禹在治水后能够在涂山大会各部落首领，就是部落融合的标志。

部落联盟加大了部落的实力，为治水打下了重要的人力和物力基础。另外一方面，部落联盟是需要各个部落的首领的结合，要举办一定的仪式，推选部落联盟的首领，效忠宣誓等，这时需要一个大型的场地。

禹会村遗址的大型夯土台遗存，显示了该遗址曾举办过大型活动（仪式），这与治水的结盟仪式、祭祀仪式、出征仪式、庆功仪式等息息相关。大型夯土台上的柱孔，可能与悬挂献祭祭品，或者作为祭祀立柱，或者是供悬挂代表部落图腾的标志性东西（如旗帜、动物骨骼、角、玉石等），或者是治水工具的展示，抑或是部落首领列队的位置指示标志，总之是与治水这一大型活动仪式有关，是治水文化中一种物质和精神体现。

（四）禹会村遗址的用火遗存与治水活动有关

禹会村遗址出土了大量的用火痕迹，包括灰烬坑和低温烧纸的陶器。祭祀台基旁边的大型祭祀沟，即祭祀过程中废弃物品的堆放点，沟内大量的草木灰、被火烧过的兽骨、数量较多的磨石、不具备生活实用价值的祭祀用具以及专为祭祀活动而烧制的低温陶等，蕴藏着大量的祭祀过程或祭祀形式的信息。

长期的生活经验使人们相信，水与火这两个事物是具有天生的不相容性，生生相克。所以在人们单纯的印象中，火是水的最大制约因素，火是能够吓退洪水的。因此在与洪水的抗争过程中，早期人们单纯思想里处处显示用火的存在，人们借助于火力来提升人们治水的信心，祭拜神灵，赶走水怪等。因此在治水的仪式上，火是必不可少的角色，可以想象，祭祀仪式现场也就成为一场带有"火"元素的狂欢大典。另一方面，在龙山文化晚期，人们用火的历史已经很久，特别是陶器的烧制，可以得到更长久的使用效果。因此，用火烧制供祭祀使用的器具，也是理所当然。在禹会村遗址发现大量的用火遗存，还有大量烧制的陶器，无不说明这里曾经是一片用火的场所。

另外一方面，根据有的学者的研究[7]，除祭祀遗迹外，低温陶占的比例较大，应该说，龙山文化的陶器，在我国有陶以来的发展中，从制陶的成型、烧制火候以及制作技巧方面已经达到了鼎盛时期。然而，禹会村遗址的陶器却表现的与时代反差极大。尽管器型的大小都符合生活中的实用器，但多数都不宜在生活中使用。经过对低温陶的测试，最低烧成温度仅有500度，可以肯定地说，这些低温陶是专门为祭祀而烧制的。人们在临时居住期间，为祭祀活动专门制作了具有不同地区风格的器物，包括比例较大的仅有500度的低温陶，烧制后也仅仅达到成型的效果，器物的耐用程度根本就达不到应有的实用效果。由此可见，禹会村遗址的用火遗存与治水活动有着密切联系，一方面用火是为烧制祭祀用品低温陶器，另一方面是治水文化祭祀仪式上的用火，足以可见其用火量大，很好解释了该遗址出土了大量的灰烬坑的原因。

四　结　语

禹会村遗址位于安徽省蚌埠市西郊淮河岸边，东邻天河，北依涂山。《左传·哀公七年》及多部史书载有："禹会（合）诸侯于涂山，执玉帛者万国。"禹会由此而得名。在"中华文明探源工程"中，禹会村遗址是在淮河中游地区选定的唯一一处遗址。无论从考古学还是历史学的研究来看，虽然与大禹治水相关的涂山地望的考证也曾众说纷纭，但在蚌埠召开的"涂山·淮河流域历史文明研讨会暨中国先秦史学会第七届年会"上，与会专家在论证涂山的地望时，观点越来越趋于一致：即蚌埠涂山的地理位置最为合理。

本文从治水文化角度对禹会村遗址的文化内涵和遗址功能、特征及遗址的一些特殊现象进行解读。研究发现，禹会遗址地名的由来与传说和文献记载的"禹会诸侯"事件吻合；禹会遗址的时代（龙山文化晚期）与传说事件中"大禹治水"时代吻合；禹会遗址中发现的各种祭祀遗迹现象，与传说事件中"禹会诸侯"事件 的背景相吻合；出土的器物特征和一部分祭祀用具，与传说事件中的"禹会诸侯"活动内容相吻合。禹会村遗址现有的考古文化遗存，与治水文化存在较为密切的联系。结合遗址的特征与功能，有理由相信，该遗址是我国龙山文化时期一处典型的治水文化遗存。蚌埠禹会村遗址与大禹治水密切相关性，不仅得到了考古资料和自然科学测试、论证的支撑，也得到了治水文化角度解读的旁证，其可信度会越来越受到重视。

注 释

[1] 王吉怀、赵兰会：《禹会村遗址的发掘收获及学术意义》，《东南文化》2008 年第 1 期。

[2] 张广胜、朱诚、王吉怀等：《安徽蚌埠禹会村遗址 4.5~4.0 ka BP 龙山文化的环境考古》，《地理学报》2009 年第 7 期。

[3] 赵琳、马春梅、张广胜等：《安徽蚌埠禹会村遗址地层的孢粉记录研究》，《微体古生物学报》2013 年第 4 期。

[4] 中国社会科学院考古研究所等编著：《蚌埠禹会村》，北京：科学出版社，2013 年。

[5] 中国社会科学院古代文明研究中心等编著：《禹会村研究——禹会村遗址与淮河流域文明研讨会论文集》，北京：科学出版社，2014 年。

[6] 李可可、黎沛虹：《都江堰——我国传统治水文化的璀璨明珠》，《中国水利》2004 年第 18 期。

[7] 王辇、全正耀、汪海港等：《禹会遗址出土陶器的烧成温度研究》，见中国社会科学院考古研究所等编著：《蚌埠禹会村》，北京：科学出版社，2013 年。

禹会诸侯历史事件的推测解析

江　群（安徽省马鞍山市委党校）

安徽省蚌埠市"禹会村遗址"考古发掘，由于考古学和历史学的通力合作，进行综合研究，国内一批著名考古学家、历史学家和大禹文化研究专家取得一致认识，肯定了"禹会诸侯"事件的历史真实，确认事件就发生在今蚌埠市境内淮河岸边的涂山。"禹会涂山，史存疑团，科学发掘，一锤定音。"[1]因为大禹其人其事在中华文明起源和国家形成中的地位，使得禹会村遗址具有非同寻常的意义。禹会村遗址发掘暂告一段落，遗址公园建设正紧锣密鼓进行，在"一锤定音"后，更精彩的大戏正徐徐揭幕。蚌埠市传统涂山庙会面临升级，启动涉禹遗产联合申报世界历史文化遗产舆论场形成联动。禹会遗址研究在事件认定、地望释疑后，有些问题认识还有分歧，学界出现一些质疑声音，禹会诸侯历史事件期盼更全面、更精准的解析。

一　为提高历史清晰度，细解时间、地点和人物

（1）时间

时间是历史事件的第一要素，这是禹会村遗址考古学研究的短板，有必要多花点笔墨。

在禹会村遗址考古报告中有对时间的科学测定："主要处于公元前2300～前2200年前后"，这是"更能够代表所取样品层位的年代"[2]；"从出土的陶片看，禹会村遗址的年代属新石器时代晚期，在公元前2300～前2000年"[3]。在报告结论中进一步明确为："该遗址的^{14}C年代为距今4100年"[4]。运用^{14}C测年，再经过树轮校正，并参考各种因素进行综合分析，得到的数据越来越靠近，但仍然是个有一定误差值的大约时段。考古学只能以考古手段获取年代，只能达到考古测年的概度。对于与历史典籍有对应关系的"禹会村遗址"，考古年代与历史学准确年代之间存在差距，必须重回历史典籍中寻找答案。

"禹会诸侯"到底发生在什么时间，一种有代表性的意见是："大禹治水的时候，他是'舜'领导下负责治水的官员，他在治理淮河的过程中，召集周围部落的首长到这里来聚会，或者是分配任务，或者是庆祝胜利，或者是立下盟约，是治水的过程中发生的一个事件。"[5]随后又明确指出："因为禹都阳城是受舜禅成为联盟盟主之后，禹会诸侯则是任舜的司空（司工）时治水过程中发生的事情"[6]。"禹会诸侯"是治水过程中发生的事件，是淮河流域小范围的诸侯聚会，这种说法具有一定影响力，但它

与历史典籍不符，与"天理"人情和社会认知相违背，更与考古发掘成果差距很大，必须认真对待。远古时期的洪涝灾害，历经尧舜两代帝王，鲧禹父子几十年相继治水，历尽危难和艰辛。禹被舜任命为"司空"，一个临危受命、推让不掉的高官，居于"四无"尴尬之位，即"无权力、无时间、无胆量、无理由"，如何能召集诸侯到涂山会盟？

何谓无权力？禹任"司空"总管治水，没有召集诸侯到涂山会盟的权力。禹的权力来自舜帝授权，说穿了就是：替父鲧赎罪，为舜帝打工。"司空"的权确实很大，凡与治水相关的社会治理方面的事务都要管，还必须管好，但仅属于出力干活的权限。召集万国诸侯"执玉帛"到远离都城的涂山祭祀会盟，大大超出了"司空"的权限，有僭越之嫌，这样的事禹肯定不会干。

何谓无时间？治水行经冀、兖、青、徐、扬、荆、豫、梁、雍等九州，凭借极其简陋的交通工具，"陆行乘车，水行乘船，泥行乘橇，山行乘樏"，足迹遍布群山大川；勘查水情，亲力亲为，不分寒暑四季，"左准绳，右规矩，载四时"；禹与益、后稷分工配合，恢复生产、救济灾民和物资调配等，各项任务一起抓，"令益予众庶稻，可种卑湿。命后稷予众庶难得之食。食少，调有余相给，以均诸侯"；还要根据九州土质情况确定贡赋，并规划交纳线路，"相地宜所有以贡，及山川之便利。"[7]十三年治水，千头万绪的事集于一身，禹身不由己，无法确定会盟的时间；在水淹路阻、重灾存亡之际，九州诸侯无法擅离部落，很难召集；祭祀台位于淮河岸边，地势低，受洪涝灾害影响大，建造祭祀台和烧制陶器都需要很长时间（关于祭祀台建造、陶器烧制的分析见后文）。在水患未平的年头，召集者、筹备方和远道赶来会盟的诸侯，三方都困难重重，没有实施的时间和条件。

何谓无胆量？禹受命治水"伤先人父鲧功之不成受诛，乃劳身焦思，居外十三年，过家门不敢入"，父鲧受诛，是一把悬在头顶、插在心头的无形利剑，使命之重，心灵之痛，隐忍之深，五味融合在一起，禹不敢有丝毫轻慢懈怠！用今天"分配任务"的套路来治水，误了天下治水大事，禹非落到与父鲧相同下场不可。

何谓无理由？"国之大事，在祀与戎"，[8]祭祀为帝王的专属权，召集"万国"诸侯祭祀会盟，"司空"恐怕没有这个资格。洪水泛滥之时，禹有什么理由选择涂山行此大事？避嫌唯恐不及。如果禹犯糊涂胆大妄为，滥用大量人力物力，建祭坛造祭器，帝舜岂能容他？"三过家门而不入"，从群体记忆到典籍记载，已成为铁定的历史史实，成为最广泛的社会认知。在治水期间"禹会诸侯于涂山"，岂有不进家门之理？在家门口开会而又不进家门，岂不是明显的政治作秀？非要说"禹会诸侯"是治水过程中发生的事件，与"三过家门而不入"相互矛盾，违背"天理"人情和社会认知。

禹会诸侯的时间，文献有明确记载，不知为何被大多数专家所忽视。"五年巡狩，会诸侯于涂山。"[9]"巡狩"，是远古帝王巡察各地，考查诸侯政绩的做法，可以不定期进行，也可以"五岁一巡狩"[10]。帝舜在位时自始至终坚持，已经形成制度，禹继位后继续执行。"五年巡狩，会诸侯于涂山"，短短一句话，把时间、地点和帝禹的身份都交代清楚了。

接下来，必须搞清这个"五年"到底是哪一年？对于禹会诸侯时间的探讨，曾经出现过一件趣事：2013年12月21日，在蚌埠隆重召开了"禹会村遗址与淮河流域文明研讨会"，会议下发资料《论文集》，另有与会者赠送《酷说大禹》个人著作。《论文集》中有一位作者和《酷说大禹》作者，两人互不相识，但沿着相同的思路，为探索禹会诸侯时间竟"不期而遇"。大禹文化研究会原会长沈叶鸣先生认为是"公元前2066年"[11]；江群先生在《酷说大禹》附录"大禹生平大事年表"中明确写道："前2065年，69岁；五年巡狩，涂山祭祀大典。"[12]论见不约而同，答案如此接近，也可谓大禹研究中的奇事巧事。

沈先生推算是"前2066年"，江先生认定为"前2065年"，前后仅差一年，对于禹会诸侯这个远古事件，似乎可以忽略不计，但为了有一个精确说法，又必须搞清楚。为什么会有这一年误差？笔者认为是对"五年巡狩"的理解和推算不同。两人都依据夏商周断代工程，把"前2070年"定为夏朝建立时间，沈先生推算为"前2066年"，是头尾都算（70、69、68、67、66），江先生认定为"前2065年"，是按年度计算的（69、68、67、66、65）。"五年巡狩"是舜帝时的行政制度，禹承舜制，顺理成章。"五年巡狩"如同当代的"五年计划"，当然应该以整年来计算，这样江沈两文的一年误差就可以统一了。"禹会诸侯"，为华夏古国增添了浓墨重彩的一笔；公元前2065年，淮河边涂山旁矗立起一座历史丰碑。

（2）地点

禹会诸侯发生的地点，由于禹会村遗址的成功发掘，涂山地望千年纷争，终于释疑止纷，落锤确真。《汉书·地理志·当涂》载："禹所娶涂山侯国也，有禹墟"；《太康地志》载："涂山，古当涂国，夏禹所娶也"；《乾隆江南通志》载："涂山在怀远县南八里……古涂山氏国于此"。在讲述禹会诸侯地点时，用语最好使用"涂山侯国"、"古当涂国"或"涂山氏国"，简称"涂山城"也可以，当时的"国"就是"城"。把历史事件放在历史语境中，放在当时的人文环境里，这样的表述更有历史感。

"时间"赋予"地点"新的特质，涂山因禹继位建夏获得了亘古未有的荣耀，真乃沧海桑田，改天换地。帝禹不在都城会盟，而选择涂山举行祭祀，有历史原因，这里是他娶妻成家育子之地，回馈妻族支持是世情常理；有现实基础，在九州范围内涂山位置适中，水路陆路交通便捷，涂山城有实力提供后勤保障；更有衣锦还乡，扬眉吐气，内心得到极大满足的自我诉求；还有对未来缜密的思考，提高"涂山侯国"声望，振兴家族之利，增强家族实力，日后总有发挥作用之时。帝禹如此谋划，历史已经证明了他的伟大英明。

"涂山侯国"不仅存于古籍中，也存在于地下。蚌埠进行过多次文物普查，经实地勘测和钻探，在禹会村遗址范围内，判明了一个总面积至少50万平方米的龙山文化遗址。随后进行的连续5次考古发掘，揭露总面积仅7605平方米，大约只占50多万平方米的1%。另外99%未发掘的遗址里埋藏着什

么？会不会就是比"禹会诸侯"起始年代更早、存续时间更长的"涂山氏国"？这一科学猜想有待验证，我们相信真相总有揭秘的一天。

（3）人物

禹会诸侯历史事件的主要人物：一是帝禹，他的身份这时已不再是舜任命的"司空"，而是"帝禹"或"夏禹"了。过家门"不敢入"永远成为过去，会诸侯于涂山的决策，不可能是拍脑袋之举，而是经过了深思熟虑。二是诸侯，"禹合诸侯于涂山，执玉帛者万国"[13]，不论远近都带着珍贵的贡品前来，可见诸侯之重视，"万国"虽说有夸张的成分，只是个约数，但参会诸侯众多肯定是事实。祭祀台上有35个柱坑，和参会诸侯可能有一定的对应关系，"万国"诸侯也许组成35个代表团，也许分成好几批依次上场参祭。总之，这次会盟涉及地域广，"禹迹"所达之"九州"都召集来了；参会诸侯众多，部落联盟统辖范围内的诸侯不得缺席。不然，帝禹权威何在？建筑如此大的祭坛、准备那么多祭品有何必要？

除去帝禹和诸侯以外，还有三类人"隐身"在文字以外：一是涂山侯，涂山氏国的首领，他的身份特殊，既是姻亲，又是涂山会盟的承办人和后勤服务的保障者；二是会盟祭坛的建设者；三是制作礼器的陶艺师。这三类人共同建造了祭祀台和陶礼器等等，这些物质成果有幸保存至今。他们都是历史的创造者和见证人，没有他们"禹会诸侯"不可能举行。除此，还有涂山城的居民，略去不谈。

二 为评估事件重量级，剖析起因、过程和结果

历史事件的重量级，主要由事件本身决定，不仅在历史典籍中会有记载，在考古发掘的文物中也会有所反映，关键在于剖析。

（1）起因

"禹合诸侯于涂山"，一个"合"字尽显这次会盟的起因。著名考古学家严文明先生注意到这个

"合"字,他说:"《左传》上记载为'禹合诸侯',《史记》上记载为'禹会诸侯',我想了一下,这个'会'是什么意思?历史上多有诸侯会盟的记载。'合'呢,文献上有'纠合诸侯','合'有'纠合'的意思,恐怕"禹合"更符合历史,但是历史已经那么讲了,那也不必去改历史。"[14]

由于历史的惯性,禅让制影响很深。帝舜崩后,三年丧期等待,经过一番"请辞谦让"的禅让程序,禹领悟到禅让制的精髓就是:"得诸侯者得天下"。诸侯用脚投票,在舜帝子商均和禹两人中"选边站队",胜选者为帝。禹治水期间与诸侯常打交道,又经受过"天下诸侯皆去商均而朝禹"的体验,对天下诸侯格外看重。涂山会盟前,禹帝临近五年巡狩之期,人也进入暮年,对身后事有所考虑是人之常情,再聚诸侯,统合固盟,积累资源,打牢基础,已成为他最紧迫的任务。

（2）过程

"禹合诸侯于涂山"的过程分两个阶段。首先是筹备阶段,随后才是祭祀仪典。

筹备工作繁杂琐碎,不可能一一开列。考古发掘的祭祀台和祭祀用陶礼器,是看得见摸得着最重要的两类文物,也是筹备期的两大工程,对工程量作个估算,有助于一览涂山会盟筹备工作的概况。

禹会村遗址发掘出土的祭祀台,总面积近 2000 平方米,大约有五个标准篮球场大小。祭祀台建造采用"槽式堆筑法",即先按照设计挖出基槽,然后自下而上逐层填入灰、黄、白不同颜色的土。最下层填筑灰土,质地较硬;中间铺垫黄土,硬度密度一般;最上层覆盖白土,土质细腻。三色土都很纯净,层次分明,反映有一定技术规范,施工人员细心认真,表现了内心的虔诚。这种三层堆筑建造祭祀台的工艺,与今天搞装饰打地坪很近似,下中灰黄两层,如同沙石水泥粗细两层,最上面白土层,发掘出土"刚暴露时非常鲜明,长时间暴露或风干后不发裂"[15],好像现代水磨石或者地砖。在 4000 多年前,无疑应该算是最先进的地面施工工艺。裴安平先生题词:"中国第一白土建筑,等级高贵"[16],可谓恰

如其分。

灰、黄、白三色土,平均厚度分别为:0.80、0.10、0.10 米,三层总厚度为 1 米多。整个祭祀台填筑总土方量约 2000 立方米。4000 多年前建筑这样的祭祀台,总工程量是多少?总工时需要多少?很高兴找到一个有价值的参照:河南偃师二里头遗址宫殿台基,夯筑质量极佳,用工量巨大,有专家推测土方工程量,以"每人每天夯筑 0.1 立方米"[17]来计算。

"二里头"比"禹会"年代晚数百年,工效高低忽略不计。二里头宫殿台基和禹会村祭祀台,在建造方面具有可比性。二者在设计、挖槽、填土等施工程序上基本相同,宫殿台基需要夯实,而祭祀台平铺压实,白土贴面,虽少了夯筑的工序,但三色土逐层压实抹平的技术更高。我们以"每人每天夯筑 0.1 立方米"计算,祭祀台填筑总土方量 2000 多立方米,总劳动日需要 20000 多个。由于祭祀台工作面限制,施工有一定技术要求,每天安排 100 多个劳力,仅祭祀台的建筑工期就需要 200 多天,即七个月左右。

下面再说说陶器制作。据专家研究,禹会村遗址出土陶器大多为低温陶,专为这次祭祀烧制。出土陶片数量巨大,由于低温陶质地疏松,浸压碎化不易修复,所以修复的陶器仅有 379 件,占出土陶片总量不足 1/10。保守估计,这次为祭典专制陶器最少也有 4000 多件。陶器制作要经过多道生产工艺,备料、揉泥、制坯、阴干、烧制等,当时全手工制作,野外柴草堆烧,生产水平很低。烧制 4000 多件陶器,要投入很多人力,需要耗费很长时间。

我们不知道有多少陶艺师?分别都来自哪里?仅修复的陶器样品就包含了许多地域的文化特征:"既有黄河下游山东龙山文化的特征,又有中原地区河南龙山文化的因素,同时,与长江流域良渚文化和江汉平原地区的石家河文化也有着一定的联系"[18]。这多少可透露部分工匠来自何方。还有 90% 未修复的陶片,包含的地域范围肯定更广,文化因素应该更多。可以想象:当时祭祀台周边搭建了很多制陶晾坯的工棚窝棚,一座座土窑火光映红了夜空,九州各地汇集来的工匠,为了筹备这次会盟,

很多人都不分昼夜、废寝忘食的劳作着。

"天行有常,不为尧存,不为桀亡。"[19]建造祭祀台和制作陶器,都在户外旷野进行,受季节和气候影响很大。淮河流域的无霜期在200~240天之间,古今气候会有变化,也只是在这个范围内波动。禹从九州治水一线登上帝位,最懂季节和天气变化。冬季天寒地冻不能施工和制陶,梅雨季汛期也会受到影响,一年中适合野外施工和制陶,最多就六七个月。安排金秋时节会盟,既方便诸侯将九州名优特产作为贡赋带来,涂山氏国也有充足的物资接待"万国"贵宾。当然禹一定会考虑到在冰封雪飘到来前,让诸侯们都能回到各自的领地。涂山会盟从计划到筹备要忙活一两年,这是新生夏朝的头等大事,帝禹怎么能不周密计划和充分准备?

那祭祀盛典的过程又怎样呢?史籍中找不到这方面的记载,祭祀台上的设置和痕迹,提供了思考和分析问题的资料。2000平方米高档装饰的祭祀台,洁白光亮的地面,在上面活动如同进入神圣的殿堂;北端是约100平方米的烧祭面,是参祭者用火烧祭的地方,"局部被火烧过的迹象表明,用火的时间、烧祭的次数和用火的规模都达到了一定的程度,从平整、光滑、坚硬的烧土面来看,非一日之功或在短期内烧祭所能达到的效果。这充分显示了烧祭的规模和场面非同一般,应具有隆重的仪式和复杂的内容";1米见方高1米的方土台,可供主祭者站立,方便在祭祀活动中突出其身份;外长内圆、均匀分布的35个柱坑,一字排在中轴线上,长达50米,"不能排除这些柱坑就是树立万国国旗或树立图腾柱的地方",可以想象:"万国"旗在秋风里猎猎飘扬蔚为壮观,图腾柱在晴空中魔幻灵异煞是威严;大型祭祀沟,里面的遗物非常丰富,"蕴藏着大量

的或全部的关于祭祀过程或祭祀形式的信息";还有8种不同类型祭祀坑的发掘清理,"分别代表了不同形式的祭祀活动后所留下的迹象"。[20]从考古专家精彩的描述,可以肯定这不是一次短暂仓促的活动,而是仪式隆重、内容庞杂、多场次、多类型的大型高规格祭祀盛典。

（3）结果

"禹会诸侯",仅用"圆满成功"来总结似乎有点空洞。对人的评价常说"盖棺论定",给重大历史事件下结论,则必须放在历史长程中考量。涂山会盟后又过了五年,"帝禹东巡狩,至于会稽而崩",继位者在被禅让者益和禹子启两人中对决,天下诸侯又一次"选边站队",用脚投了启的票,"诸侯皆去益而朝启"。天下诸侯的选择决定了历史走向,启在禹死后能够胜出,禅让制谢幕,家传制登场,夏王朝父子传承波澜不惊地完成了交接。

综合运用考古成果,全面梳理历史典籍,尽可能精准的要素分析,可以总结如下:公元前2065年金秋,在淮河岸边涂山脚下的涂山城,夏帝禹召集万国诸侯合盟,此次盟会主旨鲜明,筹备周全,规格高端,规模宏大。这是夏朝建国五年来涉及地域最广、参加诸侯最多的盛会,隆重的祭祀仪典获得圆满成功。为实现禹位传启提前谋划,为禅让制过渡到家传制奠定基础,巩固了新生的夏朝政权。

涂山侯因为嫁女、助婿、筹会、挺孙等一系列坚实有力卓有成效的支持,几十年始终如一的"外戚之助",成就了"夏之兴也以涂山"[21]的历史殊荣。禹会诸侯于涂山,是夏朝建国初期最重要的历史事件,是中华五千年文明跨越第一个千年门槛期间最伟大的历史事件。

参考文献

[1] 王巍题词,2013年12月21日,中国社会科学院古代文明研究中心、安徽省文化厅、蚌埠市人民政府编著:《禹会村遗址研究·禹会村遗址与淮河流域文明研讨会论文集》,科学出版社,2014年,前彩页。

[2] 中国社会科学院考古研究所、安徽省蚌埠博物馆编著:《蚌埠禹会村》,科学出版社,2013年,第411页。

[3] 中国社会科学院古代文明研究中心、安徽省文化厅、蚌埠市人民政府编著：《禹会村遗址研究·禹会村遗址与淮河流域文明研讨会论文集》，科学出版社，2014年，第23页。

[4] 通常所说距今多少年，按国际通例，统一以公元1950年为起点。中国社会科学院考古研究所、安徽省蚌埠博物馆编著：《蚌埠禹会村》，科学出版社，2013年，第420页。

[5] 北大考古文博学院教授、博士生导士李伯谦先生答记者问，见王勇勇主编：《禹会村遗址与淮河流域文明研讨会新闻作品集·蚌埠禹会诸侯之地》，第35页。

[6] 李伯谦：《"禹会诸侯于涂山"传说与禹会村遗址》，中国社会科学院古代文明研究中心、安徽省文化厅、蚌埠市人民政府编著：《禹会村遗址研究·禹会村遗址与淮河流域文明研讨会论文集》，科学出版社，2014年，第9页。

[7] 本段引文均出自《史记·夏本纪》，后文凡引自《史记·夏本纪》的均不再注明。

[8] 引自《左传》

[9] 引自《竹书纪年》。

[10] 引自《史记·五帝本纪》。

[11] 沈叶鸣：《"涂山之会"议的是治理天下的大计——对禹会村考古成果的一项历史文化解读》，蚌埠市文广新局编印《禹会村遗址与淮河流域文明研讨会论文集》，2013年，第28页；又见王海军、沈叶鸣同题论文，《禹会村遗址研究·禹会村遗址与淮河流域文明研讨会论文集》，科学出版社，2014年，第294页。

[12] 江群著：《酷说大禹》，安徽文艺出版社，2013年，第145页。

[13] 引自《左传·哀公七年》

[14] 严文明：《在"禹会村遗址与淮河流域文明研讨会"上的发言》，中国社会科学院古代文明研究中心、安徽省文化厅、蚌埠市人民政府编著：《禹会村遗址研究·禹会村遗址与淮河流域文明研讨会论文集》，科学出版社，2014年，第4~5页。

[15] 中国社会科学院考古研究所、安徽省蚌埠博物馆编著：《蚌埠禹会村》，科学出版社，2013年，第47页。

[16] 裴安平题词，2013年12月22日，中国社会科学院古代文明研究中心、安徽省文化厅、蚌埠市人民政府编著：《禹会村遗址研究·禹会村遗址与淮河流域文明研讨会论文集》，科学出版社，2014年，前彩页。

[17] 许宏著：《最早的中国》，科学出版社，2009年，第93页。

[18] 中国社会科学院考古研究所、安徽省蚌埠博物馆编著：《蚌埠禹会村》，科学出版社，2013年，第194页。

[19] 引自荀子：《天论》

[20] 王吉怀：《禹人絮语》，中国社会科学出版社，2017年5月，本段引文分别见第120、122、124、126页。

[21] 引自司马迁：《史记·外戚世家》。

濠水之辩考

程家宏（燕山大学）

《庄子·秋水》中记载了一件有趣的事，某天庄子和惠施来到濠上，看到河里游过几条鲦鱼（白鲦），庄子就说这鱼儿很快乐。惠子说，你不是鱼，哪里知道鱼儿是快乐还是不快乐呢？庄子说，你不是我，你哪里知道我是不是知道鱼儿快乐还是不快乐？惠子于是说，正因为我不是你，不知道你的感受，你也不是鱼，所以你不可能知道鱼儿到底是快乐还是不快乐。庄子此时就要起了赖，说请溯其本，回到开始，你之所以问我就是知道我知道鱼儿快乐不快乐，哎，我就是在濠梁上知道的。这段充满哲思的对话听起来有点绕，也难怪啊，人家可是先秦两大辩手的过招。庄子不用多说，是道家两座高峰之一，其文恣肆汪洋，雄宕飘逸，是大思想家也是大文学家。惠施何许人，那也是开派宗师，他是名家的主要代表，"学富五车"说的就是他。二子之辩是二人学识、性格、阅历的自然反应，简言之，站的角度不同，得出的结论就有差异。

新年伊始，我独自一人寻踪来到濠水，察濠口，过浮桥，省方俗，惜脚力不逮，未能溯水见梁。斑豹之窥，得疑者三。

一　濠水在哪

濠的本义是护城河，则濠水可以是泛指，即所有的护城河都可叫濠水，今南通濠河承其义也。顾祖禹《读史方舆纪要》淮河卷有濠水条，则是专指。注曰，濠水在凤阳府，有二源，东濠塘山，西镆铘山，东北合流后在临淮城注淮。现在一般词典都说濠水在安徽凤阳，似乎没有争议。庄周是宋国蒙人，蒙的地望今又三说，一曰安徽蒙城，二曰山东东明，三曰河南民权，学界似倾向于蒙城说，我然之。庄子一生穷厄，仅做过漆园小吏，漆园是官职名还是地名，今也无征。我曾到访蒙城庄子园，当地把漆园待以地名，且冠之于社区，盖欲在庄子故里之争中占得先机，倒也可以理解，谷风所及，几人免俗哉？庄子曾游于濠上，钓于濮水，在濮水同二个来邀请他去楚国任宰相的使者有过一段以龟喻事的谈话。先前看过资料说庄子钓鱼的濮水在今天河南封丘，然细考之未必确切。谭其骧先生《中国历史地图集》一卷标濮水在济水北大河南，流经封丘。濮水源魏，东北向流，庄子是宋人，大老远跑到魏国钓鱼，有悖常理。或曰可以旅游寄住云，要知道楚使来请，到人家家里才合情理。昨再堪舆，方知沙水东折后也叫濮水，郦道元《水经注》谓之㶏河，以为大致就是今天的芡河，正是流经蒙城之南，郦道元认为庄子钓于此也。

古人是有游历的，《周易·观卦》曰"观国之光"，大概就是指到国都旅游参观，观光一词也正源于此。但观光也要讲条件，像庄周和我一样的穷鬼，连充饥的粟米倒要向邻居借，恐怕很难置车雇仆远足，只能在文字里时不时来番逍遥游，或者年休假在自家窝边逡巡，则子休先生钓鱼的濮水，无疑就是欠河。循之，濠水当不远矣。当其时也，凤阳属楚国，蒙城虽隶宋，但与楚之城父等邑接壤，为宋边鄙，顺欠河又淮河到钟离，天把路程，舟行还是比较方便的。濠濮既皆皖地，表明先秦时期的安徽人还是很豁达冲淡的。

二 庄惠缘何、何时来游

这个问题籍无交代，也没有文章述及，所以只能合理推断。庄惠皆宋人，两个人老家都不在凤阳（钟离），可以判断二人是结伴而来，不是宾主邀访，其一也。钟离远离楚都江陵，非大邑重镇，可以排除游宦和游学，其二也。庄子微末小吏，惠施虽入庙堂，也是沉浮几度，不会相与聘问他国，其三也。相对于宋国处黄淮平原，仅东部芒砀诸山外，余皆平川，而淮水南滨的钟离有荆涂、韭山等，百枝归流于汤汤淮水，山川形胜加上淮夷异俗，和日益楚化的浪漫人文气息，也许正是吸引庄惠涉足淮上的最好理由。当然也不排除二人来此探望故旧、走个亲戚啥的，则游方，或探亲顺带游方的可能性稍大。和庄子不同的是，惠子是做过大官的，曾长期担任魏国惠王的国相，魏惠王在位50年，他主政的魏国由盛而衰，但也是战国一雄。惠王对忠诚博学的惠施十分信赖，甚至如齐桓公事管仲礼执之。他亲齐、楚而拒秦，主张合纵，是魏齐合亲的积极推动者，数次陪同惠王与齐会盟。公元前334年，促成与齐威王在徐州相王（今滕县东南。顾祖禹认为在平阿城，今怀远县古城乡，又说是齐宣王，误。钱穆认为在阿，春秋柯地，今山东东阿南）。公元前322年，张仪相魏。张仪虽是魏人，但一生事秦不二，他千方百计推行连横，瓦解合纵，于是惠子被逐出魏国，先到楚国，楚王怕开罪张仪，又将他奉于其母邦宋国。宋国国君当时是康王偃，很崇拜惠子，估计是

以客卿规格安顿了他。宋国自微子立国至今三十多代国君，都城一直在商丘，唯一不是的就是宋王偃，他将都城迁往彭城，故址在今丰县欢口镇。惠庄也许正是在这期间相识的。公元前319年，魏惠王陟，子襄王立，张仪狼狈见逐，取而代之的是犀首（公孙衍，纵横家，倡合纵），惠子返魏重受重用。大约二年后去世，即公元前317年，钱穆考证是五年后即公元前314年。我以为，庄惠濠上之游正是惠施客居宋国的这三年，也就是公元前322~前319年之间。庄惠的年龄也有必要弄清。一般认为，庄子生卒年为公元前369~前286年，略晚于孟子，享寿和孟子一样，84岁。惠子生年概二说，一为公元前390年，另为公元前370年，舛午20年。卒年也有公元前317至公元前310几说，但相差不大。惠子死后，庄子有效伯牙，"自夫子之死也，吾以为质矣，吾无与言之矣"（《庄子·徐无鬼》），庄子"以天下为沉浊"，世间再无可交之人，竟二十余年不再开口说话，也不观左右事。惠子事迹在魏襄王五年后就不载了，钱穆据此认为惠子应是卒于公元前314年，早于庄周28年。他同时认为庄惠年事相当，若生年为公元前370年，则仅长庄子一岁，我不以为然。惠子生年可从另一个人物参照，那便是魏惠王魏罃。魏罃卒于公元前319年，这毫无争议，生年也有公元前421和公元前400年两说，若为前者，则魏罃活了103岁，而且是在君位上鞠躬尽瘁的，就凭这点，那也会史不绝书。如此我们还是暂秉公元前400年说。前文已谈到惠王对惠施宠隆有加，效法小白之于管仲，执以师礼。常理看，二人的年龄差距不太可能太大，若惠施是生于公元前370年，小惠王30岁，一辈半人。职是之故，我以为惠子是公元前390年生人更为可靠。则庄惠相差21岁，算得上忘年之交了。

三 濠梁是不是桥

庄惠在濠梁观鱼，现在都认为是桥。蒙城的庄子祠内还煞有介事地弄成了九曲桥。梁是会意字，从水从木，本义是以刀伐木。《说文》释如水桥，

今汉语词汇里最为常见。然其义项非一，用土石等筑成的坝或者隄堰也叫梁。《诗经·邶风》有"毋逝我梁，毋发我笱（不要去弄坏我筑的鱼坝，不要打开我下的竹笼）"。《尔雅》也云"隄谓之梁"。庄惠观鱼究竟是站在桥上还是坝埂上，已经无法厘清。濠水是凤阳县境内河，长仅数十公里，源出凤阳县南二山，至县城西南五十里的升高山合流，经到城东十五里，顾祖禹载"有石绝水，谓之濠梁"，很显然，他认为濠梁之梁非为桥，乃石坝也。不过，彼时这里是有座桥的，因有梁，叫九虹桥。三百多年过去，九虹桥安在哉？我还将亲临勘问。濠梁是桥是坝无足轻重，庄惠有没有真实来过濠水，倒是

件值得商榷的事。濠上观鱼载于《庄子》，此书是庄子及其学生所著，其中不乏寓言故事，我们知道的揠苗助长、井底之蛙、朝三暮四等皆出于《庄子》。就拿楚国欲聘任庄子为相来说，从庄周的从政经历到楚国令尹任用大都是公室近亲的历史，再到聘用程序等来分析，基本上没有这个可能，学问做得好不等于一定能治国理政。战国中期，各国交相好恶，今天连横明天合从，整个社会麻缠错驳，经世实用的纵横术和儒法诸家是社会主流思想，老庄的道家，在内外争夺纷乱繁复的国君那里，遑可大行其道耶。繇此，庄惠的濠梁观鱼大抵是附会陈事耳，则我之考辨者，不亦赘疣乎。

浅谈当代大禹艺术形象塑造的平凡化倾向

以舞剧《大禹》为例

朱君杰（上海大学历史系）

周　丹（上海大学中文系）

大禹是先秦典籍中记载的夏的开创者，而且在后世的典籍中也不断地被提到。纵观所有典籍的记载，我们会发现，大禹这一人物在后世流传过程中有一个不断被神化的过程。大禹由最初普通的英雄，幻化为一个神通广大的神人。但进入现代以来，人们又重新开始关注最初的大禹形象。即平凡的英雄形象，并在艺术形象的塑造中，塑造作为寻常人，却有着不寻常精神的大禹形象。而这一形象在安徽省(蚌埠市)花鼓灯歌舞剧院创排的大型民族舞剧《大禹》中，有十分充分的展现。舞剧《大禹》的成功，从某种程度上说明了这一平凡的英雄形象，在当代能够得到更为广泛的精神认同。

一　对于大禹作为历史人物的认识

在《尚书》《国语》《左传》《诗经》《墨子》《孟子》这些先秦典籍文献，以及后世的《史记》当中，大禹被描述成夏的开创者。而治水和平定三苗是大禹的主要功绩。《山海经·海内经》："洪水滔天，鲧窃帝之息壤以堙洪水，不待帝命。帝令祝融杀鲧于羽郊。鲧复生禹，帝乃命禹卒布土以定九州。"《左传》昭公元年有记载："美哉禹功！明德远矣。微禹，吾其鱼乎！"《诗经·商颂·长发》中也有记载："洪

水茫茫，禹敷下土方。"《尚书·益稷》篇中记载：禹曰："洪水滔天，浩浩怀山襄陵，下民昏垫。予乘四载，随山刊木，暨益奏庶鲜食。予决九川，距四海，浚畎浍距川；暨稷播，奏庶艰食鲜食。懋迁有无，化居。烝民乃粒，万邦作乂。"上述所引用文献，成书大体都在战国之前，最晚也在战国早期。由此可见，在战国之前，人们便对于大禹的功绩有所肯定。

但纵观战国至汉初的典籍中，大禹形象有一个从"常人"到"神人"的转变过程，以至后世，将大禹变成一个常人无法比拟的神人形象。而且这种神化是从出生，到能力，再到个人的道德品质，是全方位的。首先是大禹作为道德标杆被树立起来了。《孟子·滕文公上》中记载："禹八年于外，三过其门而不入。"《庄子·天下》中有记载："昔禹之湮洪水，决江河而通四夷九州也。名山三百，支川三千，小者无数。禹亲自操橐耜而九杂天下之川。腓无胈，胫无毛，沐甚雨，栉疾风，置万国。禹大圣也，而形劳天下也如此。"《吕氏春秋》中也有记载："禹娶涂山氏女，不以私害公，自辛至甲四日，复往治水。"

上述索引文献，作为战国时期的文献，无一不是表彰大禹功绩的同时，突出大禹治水过程的不易，表现大禹为治水的艰难付出，凸显大禹常人难以企

及的高尚道德。

至于大禹本人出生和神通的神话便更为传奇了。《竹书纪年》中有记载："帝禹，夏后氏，母曰脩己。出行，见流星贯昴，梦接意感，既而吞神珠。脩己背剖而生禹于石纽。"大禹本身是神人，大禹的妻子、儿子也必须是神人。《吴越春秋·越王无余外传》云："禹三十未娶，行至涂山，恐时之暮，失其制度。乃辞云：'吾娶也，必有应矣。'乃有九尾白狐造于禹。禹曰：'白者吾之服也，其九尾者王者之征也。涂山之歌曰："绥绥白狐，九尾庞庞；我家嘉夷，来宾为王；成家成室，我造彼昌；天人之际，于兹则行。"明矣哉！'禹因娶涂山，谓之女娇。"颜师古注《汉书·武帝纪》引《淮南子》中记载："禹治洪水，通轘辕山，化为熊。谓涂山氏曰："欲饷，闻鼓声乃来。"禹跳石，误中鼓，涂山氏往，见禹方坐熊，惭而去。至嵩高山下，化为石，方生启。禹曰："归我子！"石破北方而启生。"

大禹不但出身神化，连能力也神化起来。豳公盨上记载："天令禹敷土，随山浚川。廼拂方执征，降民监德。廼自乍配乡民，成父母生。"这是最早有关大禹得上天指示的记载。之后孔安国传《尚书·洪范》中有记载："天与禹洛出书。神龟负文而出，列于背，有数至于九。禹遂因而第之，以成九类常道。"

大禹治水的神话，已经和"洛出书"联系在了一起，大禹逐渐被塑造成了一个被上天赋予神圣使命的救世主。这样的救世主，每回出场自然是不同凡响的。《绎史》卷十一引东晋葛洪的《抱朴子》当中记载："禹乘二龙，郭支之驭。"南宋时期文献《路史·后纪十二》："乘龙降之，(禹)乃命范成光、郭哀御以通原。"如此一来，大禹被塑造成了一个骑龙御风的神人形象。

当然，在战国以来的后世记载中，正史、野史、笔记小说，等等文献资料，对于大禹的形象的描写各有不同，在此不一一论述。但大禹形象逐渐从一个真实的人，走向了一个神化的人，是一个大的趋势。

而到了近代，在疑古派兴起的大的学术背景下，顾颉刚为代表的学者们，认为大禹并非真实存在的历史人物，而是一个在观念中被创造出来，加以崇

拜的动物。疑古派的观点卷帙浩繁，影响深远，在此不多加以赘述。但时至今日，在王国维，郭沫若，朱凤瀚，李零，李学勤等一代代学者们的努力下，根据多样的考古资料，以及大量的出土文物，论证了大禹存在的真实性。大禹是一个真实存在的人，并且是一个带领先民，平治水患的英雄。这算是将大禹回归到了一个常人的形象中来，综上所述，大禹的形象经历了一个从"人"到"神"再到"人"的变化过程。

二　舞剧《大禹》中大禹形象的塑造

对大禹这一形象认识的变迁，尤其是回归"人"的这一现象，在当代的艺术作品中也有表现。在由安徽省蚌埠市花鼓灯歌舞剧院创排的大型民族舞剧《大禹》中，将大禹塑造成了一个拥有不平凡的抱负的平凡人。在这部舞剧中，大禹是一个再正常不过的普通人，有着常人的妻儿老小，也有着平凡人的喜怒哀乐，相比于常人而言，也不具备他人所没有的天生神力和生而不凡。有的只是一腔救苦救难的抱负和坚韧不拔的意志品质。舞剧中的大禹，凭借着卓越的才能和坚忍的意志，战胜了前所未有的困难，带领整个族群走向了辉煌和美好的明天，但大禹本人却牺牲了家庭，牺牲了亲情，牺牲了一些作为寻常人的美好。用导演的话说："展现一个不为人所知的'凡人'大禹形象，集中体现了中华民族历代有志之士为实现伟大理想不屈不挠、不懈奋斗的精神支柱和力量源泉。"这种凡人化的塑造，是全方位的。通过全方位的"凡人化"大禹，可以使现代观众更为感同身受，产生更为深刻的共鸣。而这种共鸣，指的是读者为作品中的思想感情、理想愿望及人物的命运遭际所深深打动，从而形成一种强烈的心理感应状态。

1. 身世和能力的"凡人化"

在这部舞剧《大禹》中，大禹仅仅是一个英气十足的少年，从个人能力上说，没有祥云笼罩，金光护体，也没有乘龙御风，排山倒海，呼风唤雨的

本事，甚至也没有像样的穿着，和所有人一样，衣衫褴褛。从身世上说，没有上天的诰命，也没有类似于"河出图，洛出书"的预兆，而且从身世上说，大禹是忍辱负重，临危受命的，在大禹挺身而出，接管治水的重任之前，他的父亲因为治水不利，惹来天怒人怨和杀身之祸。而他的妻子女娇，因为身怀六甲而被选择向河神祭祀的对象。大禹便是在这样的危机四伏的环境中，毅然决然的走上了治水的道路的。

从个人能力来说，大禹的治水也不是一帆风顺的。这样一个没有上天预兆，一定会取得成功的治水大业，必定是九死一生的。而且大禹本身不再有变化成熊的天生神力，也没有排山倒海的奇异法术，治水的过程，一定是举步维艰的。

在舞剧中，非但没有强调大禹本身的法力无边和天生不凡，反而更多地向我们展示了洪水的可怕。因此，治水的过程也就变得更为波澜壮阔。

在诸多文献记载中，大禹治水的核心理念叫作疏浚。而疏浚山岭的一个重要的方法，却是"火攻"。因此有了剧中《火攻》一幕。这不得不说是导演组的一种创造性的发挥。因为将大禹的天生神力隐去之后，需要有其他的方法来填补打穿山岭这一艰巨任务的方法。而火攻这种情节的塑造，有两个极为巧妙的用处，其一，在于将剧情最大限度的合理化。因为水与火本身就是相克相生的两种不同的元素。以"火"治水，虽说不是直接用火和水对抗，但也显得合情合理。用当时场刊上的一句话说，叫作："荆、涂二山，并峙相连……欲要终结百年洪患，会通四海，惟有以火攻之法，劈山导淮。"

经过这样的解释，火攻开山的情节，从逻辑上说，就更加让人信服了。第二个妙处在于，水和火的视觉冲击表现力，很容易渲染治水过程的波浪壮阔，险象环生，和荡气回肠。导演也确实选择了通过这一幕剧，将全剧推向最高潮。这一幕剧，光影冲撞强烈，复杂多变，音乐扣人心弦，回肠荡气，演员的舞蹈动作，更是幅度极大，速度极快，将整个以火开山的紧锣密鼓淋漓尽致地表现出来，也体现出与洪水相对抗的勇气和决心。

另外，值得一提的是，导演创造性地加入了大禹因为治水负伤的情节。这个情节在以往的文献记载中是没有的。而导演突出渲染了这一点。大禹治水时，自己一只腿受伤，并且在那个缺医少药的年代里，很有可能落下了终身的残疾，大禹在最后回家的时候，步履蹒跚，踽踽独行，形容憔悴，颜色枯槁。这为这个平凡的大禹形象添加了一抹悲情的色彩。一个常人要成就一样伟大的事业，总是要做出别人所无法付出的牺牲的。而这带有"平凡人"性质的牺牲，其实给大禹的人物，增添了一抹浓重的悲情色彩。

综上所述，我们可以看到，舞剧《大禹》中的大禹形象，从身世和能力来说都是一个凡人形象，而正是因为这种凡人形象，才突出了治水的艰难，并且能够牺牲自我来完成治水的大任的一种悲壮精神，也突出了这种坚定不移的治水的勇气和信念的难能可贵。

2. 心志和情感的"凡人化"

在之前的文献中，尤其是战国诸子的文献中，我们看到的大禹形象，虽说是一个"因公废私"，为了天下，而舍弃了个人家业的道德圣人形象，可这样的圣贤形象是不近人情的。甚至是没有常人情感和关怀的。除之前索引文献之外，再比如说：《史记·夏本纪》中记载："禹伤先人父鲧功之不成受诛，乃劳身焦思，居外十三年，过家门不敢入。"《尚书·虞书·益稷》篇云："予创若时，娶于涂山，辛壬癸甲，启呱呱而泣。予弗子，惟荒度土功。"《华阳国志·巴志》："禹娶于涂，辛、壬、癸、甲而去，生子启呱呱啼不及视，三过其门而不入室，务在救时，今江州涂山是也，帝禹之庙铭存焉。"

这样的一些记载，固然给我们呈现出一个兢兢业业，克勤克俭的大禹形象，但是我们似乎会感受到一个没有人情关怀，对家人毫不关心的冷漠的大禹性格，而大禹对家人关怀这一点在舞剧中有了突出的补充和强调。在剧中，导演通过《爱情双人舞》用舞蹈语言创造性地为我们渲染了大禹与涂山女之间的爱情。《爱情双人舞》是舞剧第一幕当中的一段，大禹和楚楚动人的涂山女翩翩起舞，而所选取的音乐，也是缓慢而悠长的，由小提琴独奏，由竖琴和琶音伴奏，极尽抒情地为我们展现了大禹和涂山女缠绵悱恻的爱情。在演奏的过程中，大提琴和小提琴交相呼应，仿佛是相互唱和，节奏高低起伏，仿佛是情感细密的对话。而竖琴等弦乐器，音色丰满的演奏，仿佛是对这二人纯美爱情最为真挚的颂扬。可以说这段舞蹈不仅为我们描绘出了一个侠骨柔肠的大禹形象，也丰富了涂山女的人物性格。和之前的舞蹈内容一起，为我们表现出了涂山女，作为一个美貌，单纯，善良的寻常女子，她内心的恐惧，悲伤，母爱，和对于美好爱情的依恋，以及内心深处隐隐的一种果敢和对大禹事业的全力几近无私的支持。

从某种角度上说，大禹治水的丰功伟绩，是女娇和大禹一起完成的。这一点在女娇艰难的分娩和大禹依依不舍的"三过家门而不入"当中得到了淋漓尽致的彰显。在这一幕舞剧中，马上就要临盆的女娇和身边服侍的侍者，用复杂的舞蹈动作，讲述了孩儿诞生的艰难的过程，在十分繁忙凌乱的紧张气氛中，向每一个观众诉说了女娇在没有大禹的陪伴下，一个人在面对苦难时的一种无助和孤独。而在这个家人最艰难的时刻，大禹一定是十分盼望着回到女娇的身边，给予女娇精神上的宝贵支持的，大禹的挣扎和内心的彷徨，通过演员在台上来来回回的舞蹈动作，可以清晰地表现出来。大禹在回家的路上，天色发生了重大变化，不测风云可能马上就要到来，大禹一方面真的希望回家看望女娇，哪怕是仅仅看望一眼，告知女娇，大禹就在你的身边守卫着你。但另一方面，滂沱的大雨和滔天的洪水可能就在眼前，黎民百姓的生死，一分一秒都不能耽误。再这样艰难的抉择过程中，大禹的心态是彷徨的，是游离的，是挣扎和无助的。最终他在这两难选择中，毅然决然地选择了后者，为了千万百姓的生死，不得不放弃自己对家人的关怀和照顾，在这个家人最需要他的时刻。

大禹只能遥遥地望着家门，心中心心念念可以有母子平安的结果，但大禹知道，他决不能再在家

门口耽搁太长的时间，他必须赶奔最危险的治水前线，只有国家保住了，千万人的生死保住了，自己的妻儿才可能有美好的未来。大禹最终选择的舞蹈动作，表现为转身一个猛地跳跃，配合上演员那坚毅的表情，无疑是向观众诉说，大禹在抉择的最关键的时刻，放下了家中的妻儿，义无反顾的投身于和洪水搏斗的伟大事业当中去。

整幕剧在渲染大禹大公无私，"舍小家为大家"的情怀的同时，着重渲染大禹做出这样决定的艰难，作为一个平凡人的大禹，他当然会有对家人的不舍，和对于妻子与儿女的挂怀和思念，但是在这个至关紧要的时刻，着重刻画大禹放下儿女情长，以大义为重的思想斗争，不仅没有弱化大禹的伟岸和光辉的人物形象，反而强化和突出了大禹家国情怀的伟大与光辉。因为这样大禹人物的塑造，相比于一个常人而言，是更为真实的，也更为可信的，以为其真实，所以这一人物形象的艺术感染力，得到了更为淋漓尽致的彰显。

当然，大禹最终虽然平治了水患，但是没能迎来阖家团圆的时刻，当大禹最终治水成功回家的时候，女娇已经病逝，只留下自己的儿子启，在门口苦苦盼望着自己的父亲归来。导演在此运用了对比的手法，通过闪回的叙述方式，描述了大禹在年轻的时候和女娇与小伙伴们玩耍的美好图景。在涂山这个当初与女娇相识的地方，舒缓的音乐伴随着悠悠鸟鸣回荡在舞台上，今昔相比是何等的悲凉和没落。这是一种传统的艺术表现方式。《诗经·小雅·采薇》中描写："昔我往矣，杨柳依依。今我来思，雨雪霏霏。行道迟迟，载渴载饥。我心伤悲，莫知我哀！"便是用了这种今昔对比的表现方式，以"乐景写哀情"。突出的是大禹此时人生的落魄和潦倒。

当年的大禹，风华正茂，意气风发，挥斥方遒。而如今步履蹒跚，满面沧桑，今昔对比之下，让人如何不感慨、叹息。至于舞台音乐中，小号和短笛的尖锐的鸣响，则表现出了大禹对于妻子离去的撕心裂肺的伤痛。

综上所述，对妻子的眷恋，对爱情的喜悦，对家庭的不舍，对亲人的思念，对儿女的照顾，这都

是再为正常不过的情感，这些被导演有意丰富在大禹形象中的人物性格和情感，无疑不体现出大禹的"凡人"特征，导演所表现的大禹，无外乎是一个和我们一样，有着常人的心志，常人的情感，常人的喜怒哀乐，和儿女情长的平凡人。只不过是这样一个平凡人，从事了一项极为伟大的事业，忍常人所不能忍，为常人所不能为，才赢得了千百年来，多少华夏子孙无尽的尊重，与赞美。

3. 结局和归宿的平民化

在史籍的记载中，大禹因为治水而被推举为整个华夏族群的首领。《史记·夏本纪》中记载："天下皆宗禹之明度数声乐，为山川神主。帝舜荐禹于天，为嗣。十七年而帝舜崩。三年丧毕，禹辞辟舜之子商均于阳城。天下诸侯皆去商均而朝禹。禹于是遂即天子位，南面朝天下，国号曰夏后，姓姒氏。帝禹立而举皋陶荐之，且授政焉，而皋陶卒。封皋陶之后于英、六，或在许。而后举益，任之政。"

事实上，在真正的历史上，大禹是不是真的如此善待舜帝的儿子，如此举任其他的接班人，甚至舜帝是不是心甘情愿地将王位传位给大禹，这都是值得商榷的事情，从古史辨派到近代以来，有太多的学说反对这种观点，在此不一一赘述。但可以肯定的是大禹治水的功绩，给大禹带来了不可撼动的神圣地位。首先是大禹无可争议地成为所有部落联盟的最高首领。即便不是《史记》中所说的"即位为天子"，也是成为当时部落联盟的最高统治者。其权力和气派应当说是威风八面，说一不二。其次，大禹还得到了一个半神化的地位，已经被尊崇为"山川神主"。

随着大禹地位的提高，大禹儿子的地位也是在逐渐上升的，"十年，帝禹东巡狩，至于会稽而崩。以天下授益。三年之丧毕，益让帝禹之子启，而辟居箕山之阳。禹子启贤，天下属意焉。及禹崩，虽授益，益之佐禹日浅，天下未洽。故诸侯皆去益而朝启，曰：'吾君帝禹之子也。'于是启遂即天子之位，是为夏后帝启。"当然，历史真实的"启继禹位"，事实上充满了血雨腥风，并非《史记》中所记载的

如此恭敬礼让，这种尊贤尊德的禅让制，很可能是后世儒家学者的一种想象。关于这一点，已经有众多学者提出过相关观点，在此不做细致的说明。但无论如何，大禹因为治水而获得了崇高的地位，他的儿子的威望也与日俱增，这是不容争辩的事情，以至于后来启完全有威望和有能力，结束所谓的"禅让制"，开创"家天下"的格局。

但在舞剧《大禹》中，却在结尾的时候，表现大禹分天下为九州，诸侯会盟之后，大禹回归为一个平凡的人，没有前簇后拥，也没有兵丁护卫，只身一人，形单影只的回家，而家中也不见富丽堂皇，深宅大院。只是最为普通的民居院落。剧中这一点，塑造了一个近乎完全无私的大禹形象，连治水这件事给大禹带来的客观性的好处，大禹也并不在意。以至于最终，大禹又回归一个平凡的人，一个没有任何神祇庇佑和世俗权力的普通人。这种回归平凡的情节塑造，事实上将大禹的道德品质，推上了一个新的高度。表现了一个真正不在乎个人名利追求的大禹形象，这种超乎名利的不平凡，其实是平凡的大禹形象，所传达的核心的精神追求所在。

三　结　语

综上所述，古往今来，对于大禹的认识，经历了一个从"人"到"神"，再回归为"人"的过程，而当代关于对大禹的认识中，我们已经完全将大禹回归为一个"人"的形象。并且将作为历史人物的大禹，和作为信仰存在的大禹，完全分开。对大禹的神化过程有一个清晰的认识。在这一大的时代背景下，在大禹这一人物的塑造中，如何通过大禹这一人物，表现中华民族世代相传的优良品质，就是一个重大的问题。舞剧《大禹》通过塑造"平凡人"大禹这一人物形象，着重表现了大禹身上所承载的难能可贵的精神品质。这种"不畏艰难""艰苦奋斗""勇敢拼搏""大公无私""乐于奉献"的精神品质，是华夏民族千百年来都一直所颂扬的。而这样的精神品质通过一个有着平凡的出身，平凡的情感的人身上表现出来，对于当代的观众来说，一

方面，会深刻地感受到，原来这些伟大的精神品质，一个凡人也是可以做到的。甚至拥有这些精神品质的人，可能就在我们身边，就是你和我。另一方面，也会更为深刻地认识到，我们的先民，在开创我们的基业的时候，付出了多么大的艰辛和努力，而这种付出，几乎是牺牲了个人的所有，这种牺牲是多么艰难。因此，这种意志品质，又是多么的难能可贵。可以说，舞剧《大禹》的成功，为我们清晰的展示了"平凡化"下的历史伟人所能承载的优良精神品质，

和自身所具有的独特艺术魅力。

与此同时，舞剧《大禹》的成功，也给如何表现那些已经被拉下神坛的历史人物身上的民族精神与优良品质，提供了良好的参考，当看到那些塑造时代的伟人，也与我们生活中的常人有些一样的性情和生活后，观众的共鸣才能最大限度地激发出来，也才能最大限度地让观众感受到文艺作品中所传达和赞颂的民族精神和优良的品质，其实也属于我们身边每一个人。

2017年蚌埠禹会村遗址 M016 发掘简介

徐　皓（蚌埠市博物馆）

一　发掘背景

禹会村遗址位于安徽省蚌埠市西郊涂山南麓的禹会区禹会村（含前郢村），整个遗址呈南北长条形分布于淮河东岸。早在 20 世纪 80 年代，蚌埠市博物馆、就对该遗址进行过调查和登记。位于禹会村内始建于南宋宝祐六年（1258 年）的"禹帝行祠"遗迹；沿禹会村南部、西部分布的汉墓群；禹会村东南部的汉代马头城旧址和城西北部靠近淮河大堤的商代遗迹都有过调查记录。

2005 年，王吉怀先生来蚌埠调查蚌埠淮河中游地区的新石器时代遗址，蚌埠市博物馆推荐了龙山文化时期的禹会村遗址。经社科院考古所 2006~2011 年对禹会村遗址的调查勘探与考古发掘，探明禹会村遗址现存的规模为南北长约 2500 米，东西宽至少 200 米，核心区的总面积约 50 万平方米。将原"禹帝行祠"揭露近 2000 平方米，发现一处大型礼仪建筑遗迹。经科学考古发掘和文献考证，认为其是《左传·哀公七年》记载"禹合诸侯于涂山，执玉帛者万国"中的"禹墟"所在地。这一发现震动史学界和考古界。如今禹会村遗址作为国家级遗址公园得到保护与重视。

国道 G206 始建于 20 世纪 70 年代，沿淮河东堤岸呈南北向纵穿禹会村遗址的中心区，是蚌埠至淮南的重要通道。时至今日已经远远不能适应经济发展的需要，国道 G206 拓宽改造势在必行。为最大限度地保护遗址，同时又保障国道的升级改造，G206 道路拓宽建设方邀请中国社会科学院考古研究所对道路拓宽范围进行抢救性考古发掘。

二　T6207 M016 发掘概况

G206 道路拓宽范围内抢救性考古发掘为期 4 个月（2017 年 3 月初至 6 月底），总计布方 74 个。发掘收获颇丰。重大发现有：双墩文化灰坑、双墩文化墙基槽和大型活动场地；大汶口文化早期灰坑、房址（柱洞）；龙山文化灰沟等。在同一遗址内发现由早到晚的三个文化时期的遗迹现象，对于蚌埠地区考古学文化序列的链接有着十分重要的意义。

在新石器时代遗址上叠压着汉代文化层。主要遗迹现象为汉代墓葬，共有墓葬 33 座。笔者负责的是中段的 4 个探方，其中 T6207 的西汉土坑墓 M016 资料完整，现介绍如下：

T6207 M016 开口②层下，其上为①层：现代堆积层，包含大量建筑垃圾及约 10~20 厘米的耕土层。②层：汉代文化层，厚度约 0~30 厘米，粉砂性黏土，质地较疏松，分布较不均匀，包含有汉代碎绳纹砖块、汉代绳纹泥质灰陶片，还有唐、宋时期的施釉瓷片，偶尔见新石器遗物及零星红烧土颗粒包含其中。M016 位于 T6207 东部，为长方形土圹竖穴墓，南北向。填土为灰白色粉沙土较致密，其内夹杂着零星陶片、石块，以及大量水锈（经夯实厚度约 1 米左右）。墓口长 270、宽 190、底部长 180、宽 152 厘米，壁面直壁略内收，底面平底，深度 258 厘米。墓道位于墓室南端呈斜坡式，圆角长方形，平面长 310、宽 130、最深 146 厘米（图一～三）。

图一　墓葬俯视全景

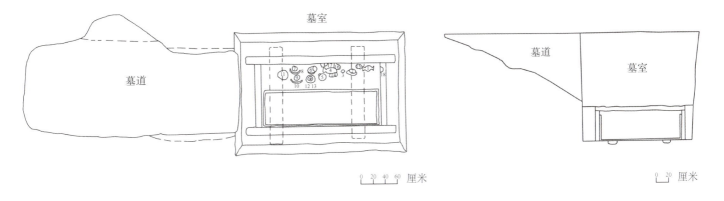

图二　M016 平面图

图三　M016 剖面图

M016：1 陶钫　M016：2 陶罐　M016：3 小陶罐　M016：4 陶钫　M016：5 陶鼎
M016：6 陶罐　M016：7 陶罐　M016：8 陶盆　M016：9 陶盖　M016：10 陶盒
M016：11 陶碟　M016：12 陶罐　M016：13 陶盆　M016：14 陶盒
M016：15 陶盒　M016：16 陶鼎　M016：17 陶盆　M016：18 青铜镜

图四 墓室俯视图

M016 为一椁一棺，平面呈长方形，保存状况较差，已腐朽；椁长 236、宽 98、椁板宽度 12 厘米，棺长 182、宽 56、棺板宽度 4 厘米，椁与棺下部并有枕木长 144、宽 20 厘米，四周设为熟土二层台，东面宽 14、南面宽 22、西面宽 22、北面宽 20、距墓底高度约 78 厘米。

随葬品摆放在棺的西侧，因长时间埋葬于地下，墓土的挤压导致部分随葬品出现摆放位置移动，并有相互叠压，有的随葬品被挤压至椁侧，清理中棺室内未发现人骨，骨质不易保存，也未见腐朽痕迹，

图五 墓室器物分布图

墓主与墓道位置关系，推测墓主人头向北。随葬器物保存一般，有的器物陶质火候较差，共计18件器物，有陶制壶、罐、鼎、碟、盒、盆及青铜镜等。在清理棺室的过程中在棺室底部并未发现其他随葬品。清理完棺椁后，在椁底部有一层白膏泥堆积，枕木印痕在其上。

三　T6207 M016 出土器物

T6207 M016出土器物共计18件。除一件铜镜（残半）外，均为陶器。陶器主要是灰陶，少数由于烧制火候不均匀，灰陶色夹杂橘黄色。由于填土挤压，导致器物倾倒叠压破碎。发掘结束后，器物尚未修复，故本文缺少器物尺寸数据。仅将器物名称介绍如下：

1. 陶鼎 2件，子母口，弧腹，平底。三蹄足。双附耳，灰陶。

2. 陶罐 4件，侈口尖唇，束颈，溜肩圆腹，小平底内凹。双系，肩部饰弦纹。

3. 小陶罐 1件，圆口，束颈，圆腹，小平底。

4. 陶钫 2件，方口平沿，宽唇，长颈深弧腹，平底，方圈足外撇。

5. 陶盒 3件，由器身和盖扣合而成，弧腹，圜底，矮圈足。

6. 陶盆 3件，圆唇侈口，圆弧腹，平底略内凹。

7. 陶碟 1件，撇口，圆唇，矮圈足。

8. 铜镜残半，锈蚀严重。

T6207 M016长方形土圹竖穴墓，墓葬形制完整，仅墓道口有灰坑扰乱。随葬器物以灰陶为主，部分陶器夹杂橘黄色。器物组合以鼎、壶、罐、为主，另有盆、钫、盒、盂等。这与蚌埠西郊西汉早期墓葬形制相符。早在20世纪70~80年代，蚌埠市博物馆为配合西郊工业区建设，在蚌埠席家沟以西，到淮河东岸一带，发现了十多处西汉到六朝时期的墓葬群，其中西汉早期土圹竖穴墓较为常见。T6207 M016为这一地区西汉中小型竖穴土圹墓的典型代表。

馆藏精品研究

皖淮书风重此君

梁巘书法刍谈

季　永（蚌埠市博物馆）

一

近年来留意于淮河流域古代书画家的梳理研究，越来越关注到梁巘的存在。

梁巘（1710~1788年），字闻山，号松斋，亳州人，清乾隆二十七年（1762年）敕授文林郎壬午科举人，由咸安宫教习转任湖北巴东县知县，后为寿州（今安徽省寿县）循理书院院长。

梁巘在清代中期有着巨大影响，特别是研究江淮地区书法梁巘自然是绕不开的人物。那么他的重大意义何在？

首先，梁巘名气大。大到什么程度？大到于同时代大书法家梁同书并称南北二梁。要知道梁同书可是当朝翰林，时代为官，书名满天下。而梁巘仅仅是淮上小城的一介书院山长。不仅如此，梁巘的书法还惊动了乾隆皇帝。据记载，清乾隆二十七年（1762年）梁巘赴京考进士不第，便寄寓京城鬻字为生。一日，精通书法的成亲王永瑝偶见梁巘书法后称赏不已，认为他今后"必成大名"，便将他推荐给乾隆皇帝。乾隆皇帝亦雅好书法，遂赐梁巘同进士出身，后出任湖北宜昌府巴东县知县。有此经历的梁巘，回到安徽后主讲寿州循理书院，声名远播，成为明清以来皖北最著名的书法家。

其次，梁巘书艺高。自元明以降，书法为赵董帖学所笼罩，鲜有透网巨鳞。晚明虽然王铎傅山等人一意求变，然而入清以后，康熙帝好董、乾隆帝好赵，书学遂重归旧辙，一派靡弱之气。梁巘的书法，高就高在其虽从赵孟頫、董其昌入手，却能够上探晋唐，尤其是对李邕书法的深入浸淫，最终形成自己古雅瘦硬的书法风格。梁巘高超的书艺得益于其深厚的学养和卓然的识见。他有幸得到最高权贵的赏识，并与段玉裁等当世学术权威交流；后又出仕为官，实施政治抱负；最终退而讲学育人，研修书艺。这样的人生经历，作为古代一名科举出生的读书人已经是堪称完美。丰富的人生阅历和精深的艺术实践对其学术及艺术思想的确立起到了决定性的作用。他的传世书论《评书帖》《承晋斋积闻录》凝结着高深的书法思想，对后世影响很大。如执笔、运笔的具体方法至今仍然具有指导意义，而其于《评书帖》中所提出的"晋人尚韵，唐人尚法，宋人尚意，元明尚态"之论，更是高屋建瓴地窥见书法风格发展的时代脉络，对后世书学研究裨益无穷。

另外，一位书法家被历史所铭记，很大程度上要看其传世作品多不多。梁巘身居非文化中心的皖北小城，与当世贤达的尺牍交流并不多；加之皖北自古兵灾水患，人文遗迹漫漶，书画留存也较为困难。但是梁巘作品传世有其自身优势，那就是他喜书碑，善书碑。而碑，是古代书法最不易被损毁的存在方式。梁巘一生推崇的唐代大书家李邕，即开以行书写碑之先河。千年以后，李北海墨迹早已无存，但是其所书碑刻却得以为后人临摹师法。这或许启发了梁巘，故观其一生，书碑既多且精。梁巘在《自书论跋》中曾记述其书写碑版53种，而今天已发现的梁巘书碑共62块，分散于亳州、寿州、泗州、江宁、扬州、宣州、安庆、桐城、苏州、徐州等地。其中不少碑刻我曾亲睹，书法精严而不失飘逸，堪称北海以下行书写碑第一人。这些大量的碑刻及拓本，为其赢得了很高的声望。

二

对梁巘书法的认识有一个过程。

初次拜观梁巘墨迹，是二十年前在恩师杨士林先生处。杨老师是凤台人，当代书画大家，亦精鉴藏，其旧居双钵精舍成为弟子们学习传统文化的杏坛。一日，老师展一巨轴，只见用笔瘦硬奇崛不类凡俗，而落款二字草书却不认得。杨士林老师说，这位梁巘可是咱们皖北清代以来最又成就的书家，但那时识见浅薄，对其书法的精妙却领悟甚少。不过"巘"这个复杂的字算是从此记住了。后来，见到更多的梁巘书迹，又拜读收录于《历代书法论文选》中的梁巘所著《评书帖》，开始对其有了更多的了解。

2007年我与诸书友访寿县，寿县书法研究会会长虞卫毅先生陪我们游览安丰塘。在孙叔敖祠内，我第一次见到梁巘书《重修安丰塘碑》。安丰塘古称芍陂，由春秋时期楚国丞相孙叔敖所修建，与后来的都江堰、漳河渠、郑国渠并称为中国古代四大水利工程。安丰塘北岸有孙叔敖祠，梁巘书《重修安丰塘碑记》即存祠内。此碑立于乾隆四十年，通篇以行书为之，开篇尚觉谨严，愈后而书愈放，颇有北海所谓"金铁烟云"的境界，为梁巘生平得意之作。这之后，陆续在亳州博物馆等处见到多种梁巘碑刻及拓片，这些碑刻作品较之其纸绢墨迹更为精彩。

这是一个有趣的现象，即一些书法家的墨迹通过刻石后其艺术表现力和感染力更胜墨迹。中国书法分

帖学与碑学二途，帖学为文人翰墨，以典雅流美为能；碑学为金石刻画，以古朴拙厚为尚。墨迹通过刀刻之后必然受到改变，其细腻的笔触和变化会有所丧失。但也有意外情况发生，那就是材料和工具变化所带来的，因刀刻所带来的表现力增强。这在篆隶楷体书法中尤其明显。唐代是建功立业的时代，碑刻最多，唐代书家多善书碑。在唐初王羲之书法盛行的背景下，太宗李世民集王羲之书法刻制圣教序，其本人又以行书书写了温泉铭等碑刻，开创行书写碑的先河。李邕延续行书写碑的做法时，肯定考虑过如何调整书写技法以适应碑刻表现。故而李邕写碑虽用行书，却笔力沉厚，去除掉点画中的侧锋用笔，而多以中锋出之。这样就形成了其书法特有的笔力沉雄而笔势飞动的艺术特点。梁巘师法李邕，可谓心领神会。观梁巘书法，喜用浓墨甚至是枯墨，不喜淡墨，益显笔墨苍劲；笔法纯用中锋，益显古厚。这是个人审美喜好所致，也与其书碑的需要有关。

可以这样说，梁巘的碑刻书法是清代文人对宋元以来帖学发展的一次改良，即通过笔墨探索来试图摆脱宋元以来帖学书法日渐靡弱之势。客观地说，梁巘的尝试颇有意义，也颇多成果。不过他的尝试仅限于帖学今体书法，而没有涉足篆隶古体，让后人稍觉遗憾。不过历史就是这么无巧不成书，梁巘后来还是点化邓石如来完成了这个力挽狂澜的任务。邓石如仰慕梁巘书名，专程来寿县拜访。梁巘严谨缜密的书学思想和古拙瘦硬的书法风格，必对邓石如产生重要影响。凭借乾嘉以来金石学的资料积累和其本人在临池功夫的勤奋，邓石如终于开创一代碑学书风。

三

近年来为蚌埠市博物馆征集入藏两件关于梁巘的藏品，均来自安徽省文物总店旧藏。一件是梁巘旧藏《隋智永真草千字文拓本》。这件拓本应为梁巘收藏并临习的范本，封面上亲题"永师真草千文，梁巘"，钤印：闻山氏。册后有梁巘行草题跋一页，其中表达了他对于智永书法的评价以及相关书学的观点。题跋云：

永师真草酌古今之中，俱能得右军神韵。学之而悟其妙处，即木板黄庭翻拓阁帖，亦可由形模而追其精髓，所谓化腐朽为神奇也。然非执笔有法，徒规规于点画形像间，即千文亦何必非木板黄庭翻拓阁帖乎？是在深信而不疑者，学之久而后知之也，闻山梁巘。

从中，我们可以窥得梁巘三个书学观点。其一是学书须透过形模而悟其神髓，学书者的自悟相较于碑帖版本的精粗更为重要。其二是执笔方法对学书至关重要，这在其《评书帖》中也多次提及。其三是学书对古帖要深信不疑，学久而知之。这些观点颇有见地，也体现其一贯的书学思想。

另一件是《梁闻山先生真迹册》。

此册为行书，共 11 页，后人题跋 6 页，为梁巘手书论制艺之语录。制艺亦作制义，即古代科举考试时作的八股文。它的文体在科举考试中有明确规定，为古代读书人科举做官的必修课。姚华《论文后编·目录下》："熙宁中王安石创立经义，以为取士之格，明复仿之，更变其式，不惟陈义，并尚代言，体用排偶，谓之八比，通称制艺，亦名举业。" 鲁迅《关于中国的两三件事》："从宋朝到清朝末年，许多年间，专以代圣贤立言的'制艺'这一种烦难的文章取士。" 梁巘此制艺册，以批语形式记录了对制艺文章写法的技巧，不失为优秀的文论。虽然未知这些批语是他人所言还是梁巘自道，但从中肯定包含梁巘本人对于八股文写作的观点，也为我们今天研究八股文写作提供了宝贵资料。

册后有多家题跋诗文，记录收藏流转之本末。题跋多作于 1933 年至 1937 年之间，其中论及闻山书法，读之颇多收获。蒋汝中题跋云：

> 此梁闻山先生手批前清制艺墨迹也。仆藏有先生所书小幅，纯以秃笔中锋盘旋抵纸上，而一种静穆苍秀之气扑人眉宇间，固非门外汉所能得其仿佛。其批制艺之词亦复洞中窍要，是于此道三折肱者。仆曾饱尝甘苦，回首当年不禁感慨系之矣。

蒋汝中，字庸戡，号秘苏阁主，晚清民国时期江苏江宁人，精书法，善收藏，著有《澹斋诗存》。蒋汝中宣统元年任灵璧县通判因政绩被嘉奖。（见《清实录·大清宣统政纪卷之七》）蒋氏应该就是在灵璧期间，收藏了多件梁巘墨迹。这件《制艺批语册页》为乾初先生出示请蒋氏题跋。从此段跋语中可见其对梁巘书法的评价中肯到位，值得参考。

又有范国才跋语云：

> 梁闻山先生为吾皖清代书法大家，与邓完白齐名。其用笔镕化颜柳，内刚外柔，笔力雄厚，而以浑脱出之。一若举千钧之重毫不费力者。然先伯献卿公堂以其笔法教子姪，故予得略窥门径。此册虽零全碎玉而落墨天成，正可于小品中悟运笔之妙，至可宝也。乾初贤婿索题，因识数语归希藏之。癸酉重九古平阿范国才识于松滨旅次。

范国才（1877~1956 年），字俊夫，号淮狂，安徽怀远县人，为同盟会会员、南社社员。范国才自幼秉承家教，攻读经史诗词，于清光绪三十一年（1905 年）赴芜湖，考入陈独秀、柏文蔚创办的安徽公学。后北上奉天，任柏文蔚创办的陆军学堂教习，并参加推翻清廷的秘密活动。于清宣统三年（1911 年）加入中国同盟会，被派赴吉林创办学校，致力于社会公益和教育事业。晚年曾编著《范氏族谱》和《范氏迁怀纪略》。

范氏跋语中还指明了此册页的收藏者乾初先生为其女婿。而乾初的具体身份尚待考证。

后另有郭泽阳、许成琮、于驷兴诸家跋语。许成琮还为该册页封面题签。许成琮（1882~1967 年），字樨簪，河南固始人。官至黑龙江省长公署参议、中东铁路局图书馆馆长。1949 年后为故宫博物院研究员、中央文史馆馆员。于驷兴，字振甫，号艮庐。1878 年生于安徽寿县。后入恩泽、寿山、赵尔巽幕府，曾任黑龙江省督府秘书长、代理省长、黑龙江省立图书馆馆长等职务。这些题跋既记录了此册页的流转脉络，评价了梁巘书法成就，同时也见证了一段晚清民国期间皖人在黑龙江地区的活动踪迹。

此册页几经辗转，重新回到安徽，并被蚌埠市博物馆收藏，不能不说是一段翰墨因缘。

谈谈对双墩遗址出土陶塑孩童头像的认知

徐大立（蚌埠市博物馆）

2018 年 8 月 23 日，蚌埠市博物馆为宣传"双墩遗址陶塑人头像专题展"，安排我接受了凤凰台的电视采访。记者对馆藏国家一级文物"双墩遗址陶塑人头像"采访了三个问题：即双墩遗址的发现与陶塑人头像的出土背景；陶塑人头像的性别认识；陶塑人头像"雕题文面"的意义。由于采访时间限制，无法展开论述，再加上播放后我发现经过剪辑的内容已经偏离我的观点，所以觉得有必要写一篇专文认真回答这三个问题。

一 双墩遗址的发现与陶塑人头像的出土背景

1985 年，国家文物局为了摸清文物家底，组织了全国范围内文物大普查。这一年，全国的文物工作者都在风餐露宿、翻山越岭、走村串户地忙碌着。蚌埠博物馆组建三个普查小组分别在市区和郊区实行地毯式的文物普查。我们小组由孙华楚、徐大立和刚刚参加工作的高和平组成，双墩新石器时代遗址就是我们在这次普查过程中发现的：

1985 年 8 月 5 日下午，我们骑车赶往吴郢乡双墩村，远远就看见两个高大的土墩。当时村内是一片低矮的房屋，显得两个土墩分外突出，"双墩村"

就是以此命名的。在对这两个大土墩进行调查记录时，我们依据有高大封土的墓葬年代判定资料，初步将其定为汉代。因此，在最早的双墩大墓保护标志上命名的是"双墩汉墓"。直到 2007~2009 年对双墩一号大墓的发掘结束后，通过释读出土器物上的铭文才确定双墩大墓为春秋时期钟离国君"柏"的墓葬，遂改名为"双墩春秋一号大墓"。调查小组对双墩大墓记录后，在与村民聊天时得知，距双墩一号土墩北边约 200 米远的"乱尸岗"上有许多瓦渣与螺壳。根据经验，凡是被称为"瓦渣地"的土坡和台地上，一般就有可能是古代遗址。远望村民所指的"乱尸岗"，其实是一块高出地面约 5 米左右的台地，上面种满了玉米。当孙华楚和我从茂密的玉米丛中钻出来时，手里都捧着陶片、兽骨残块，其中还有一件残损的磨制石斧。我们相视一笑，在文物普查记录卡上就留下了这么几行字："地点：郊区吴郢乡双墩村北台地。名称：蚌埠双墩新石器时代遗址。时间：1985 年 8 月 5 日。"一个后来被命名为"双墩文化"的典型遗址——蚌埠双墩新石器时代遗址就这样被发现了（图一）。

1985 年文物普查时，我们已经发现遗址在当地农民的取土中受到严重损害。遗址的东部有约 100 平方米的高台面积已经被农民取土夷为平地。为了

图一　双墩遗址全景（由东向西）

解遗址的文化性质和分布情况，博物馆一方面积极采取措施制止农民的取土的行为，同时决定在遗址边缘受破坏较严重的地方进行抢救性试掘。1986年11月对吴郢乡双墩新石器时代遗址进行小规模试掘（75平方米）取得重要收获。出土了大量陶片、蚌器、石器，骨器以及兽骨鹿角等，其中著名的"陶塑人头像"就是在这次发掘中出土的。这次发掘对研究蚌埠地区、淮河流域的原始文化，探讨淮夷文化的起源都具有重要价值。特别是双墩遗址刻划符号的发现、整理和公布，引起了国内外考古界的震动和重视[1]。双墩遗址被视为淮河流域早期文明的曙光和中国文字起源的重要源头。以双墩遗址命名的考古学文化——"双墩文化"成为安徽考古学文化系列中重要的一环。如今耸立在淮河文化广场上的大型陶塑人头雕像成为代表我市悠久历史文化的标志物。

二　双墩陶塑人头像的性别是男是女？

　　双墩遗址出土的陶塑人头像一经公布，立刻引起了考古、历史、美术、雕塑、民俗等国内外专家学者的关注；认为是我国新石器时期最珍贵的原始

艺术品。陶塑人头像呈灰褐色，内部掺有蚌壳和石英颗粒，使人物在光照下银光闪闪，神秘莫测。头像眉弓突出、圆眼、蒜头鼻、小嘴微笑。椭圆形脸，脸颊两侧各有五个戳刺点连成斜纹。额头中间雕刻有一椭圆形的同心圆图案，右耳垂有穿孔，左耳残，头后部残，可以明显看出为一孩童形象（图二）。

图二　双墩遗址陶塑人头像
1986年蚌埠双墩遗址出土（距今7300~6900年）

头像显示了双墩先民纯熟洗练的雕塑手法，准确传神的形象塑造。就国内同时期出土的陶塑人物像而言，无疑是最高水平的体现。尤其是人物面孔上刻划了"雕题"与"文面"的图案，为研究当时的原始艺术和原始信仰提供了宝贵的实物。

不少学者依据陶塑人头像出土的年代为公认的母系氏族时代，右耳有穿孔、显然是为了悬挂耳饰且多为女性所有。特别是依据南方少数民族20世纪50~60年代还残留的文面和雕题的习俗皆为女子的现象，认定双墩遗址陶塑人头像为女性。再加上学术之外因素的影响，于是各种赞美女性的溢美之词铺天盖地呼啸而来，全然忘了双墩陶塑人头像实在是一孩童形象。

我以前对双墩陶塑人头像研究的文章中，始终本着客观的认知态度。只称陶塑人头像为孩童形象，不说男女。原因就是从现有的头像中，无法确认其性别是男是女。直到随后多年对双墩遗址出土器物和刻划符号的研究中，才逐渐确立了这个神秘的陶塑孩童头像为男性。理由如下：

双墩陶塑人头像无疑有一个最突出的特点，即塑有粗大突出的眉弓（这个颇为夸张的眉弓更像是

浓黑发亮的眉毛）。再配上圆眼、蒜头鼻、小嘴巴以及圆圆的脸庞。直观形象更趋于浓眉大眼，相貌端庄的男孩形象。将之与1953年陕西商县出土的带流人头壶（仰韶文化，高23、人头高7.8厘米，半坡博物馆藏）和1973年秦安大地湾出土的人头形器口彩陶瓶（仰韶文化，高31.8厘米，甘肃省博物馆藏）相比，后两者少女形象跃然眼前（图三）。

当然，仅仅凭借雕塑的外部形象确定双墩陶塑人头像为男性或女性，理由尚不充分。只有深入了解双墩遗址出土器物的内涵，才能使我们的认知发生变化。

陕西商县出土的带流人头壶，秦安大地湾出土的人头形器口彩陶瓶均属仰韶文化时期的先民作品。时间上都距今6000年左右，从部落氏族的性质上看均属于母系氏族时期，这个时段也是考古界、史学界公认的母系氏族阶段。同时从仰韶文化时期出土的器物来看，表现女性特征的陶器（如丰乳、肥臀等）尤为突出。从两件陶塑作品看，均为女性无可争议。

但社会形态的进程绝非用一个时间节点就能划定的，譬如母系社会与父系社会时间节点的划分。蚌埠双墩遗址虽然距今7300~6900年，早于仰韶文

1 2

图三　陕西商县、秦安大地湾陶塑人头像
1.1953年陕西商县出土　　　2.1973年秦安大地湾遗址出土

图四　陶塑"且"形支架
1.被称为"陶支架"的陶塑男根
2.通体布满戳刺纹的陶塑"男根"
3.陶灶缘口上陶塑"龟头形"支丁

化1000年左右，但寻遍所有出土器物，竟找不到一件反映女性特征的陶器作品。反而体现男性特征的"男根"作品十分显眼：在被称为"陶支架"的陶器中，明显夸张的男根粗大勃起，威武雄壮，令人十分震撼。在陶灶上的支丁也是用粗壮的"龟头"来表现。通体布满戳刺纹的"男根"更是神形俱佳（图四）。双墩先民如此粗犷豪放，肆意张扬的将男性特征的"男根"展现在世人面前，难道只是在母系氏族一统天下时代的一个特例吗？

上古时期淮河流域的先民们对宇宙形成、人类起源有着丰富而神奇的想象。譬如：开天辟地的创世神盘古，在人类起源和开创中华民族文明史上位列首位的伏羲氏等等。据最新的研究成果推断：传说中的伏羲氏所处的时代大约在距今8000~7000年左右。这个时段恰好与7300年前双墩遗址先民的时代吻合。

在河南桐柏山、泌阳一带民间，一直有盘古开天地的传说。有关盘古、伏羲、女娲合体神像的汉代画像石，在河南、山东、安徽淮北地区有广泛分布。值得注意的是这些创世神灵的重要人物盘古、伏羲皆为男性。《周易·系辞下》："古者包羲氏之王天下也，仰则观象于天，俯则观法于地，观鸟兽之文，与地之宜，近取诸身，远取诸物，于是始作八卦，以通神明之德，以类万物之情。作结绳而为网罟，以佃以渔，盖取诸离"。这中间记载伏羲氏的诸多发明，在双墩遗址出土的600余件刻划符号中得到集中体现。我想这绝不仅仅是历史传说与考古发现的偶合，而是对上古时期神话历史传说的印证。毋庸置疑，近40年新中国的考古成果，的确逐渐揭开了上古史中神话传说人物和文明起源的神秘面纱。

面对双墩遗址凸显男性特征的陶塑"男根"，我们不由得产生一个严肃的思考：在距今10000多年至6000年期间真的一直是母系氏族社会吗？父系氏族社会的起点从何开始？双墩遗址出土的器物明显地表现出男性主导的特征，在淮河流域传说中的

73

创世神和文明始祖皆为男性，是否可以推测：人类历史进入新石器时代中期，在淮河流域生存发展的氏族部落就开始了以男性为主导的历史时期。在传说中的伏羲氏时代，距今7300多年的双墩遗址先民们，开创了以男性为主导的辉煌的淮河流域早期文明。他们与西北地区母系氏族部落共生共存，融合发展了相当长的时段，最后完全进入父系氏族时期。此刻我们再回首凝视这个带着神秘雕题和文面符号的男孩形象，他能和传说中的伏羲形象重合吗？

实际上，双墩遗址还出土了一件陶塑人头像，这件人头像面目苍老，闭目垂首，一副老人垂暮的形象（图五）。尤其是老人眼眶内凹，与盲人（古人称"瞽"）形象极为相似。搜寻历史文献和民俗资料中描述的原始部落氏族首领大巫师们的记载，仔细端详这件陶塑老人头像，恍惚间与上古时期知天文、懂地理、识草药、辩音律的巫瞽形象重叠起来。或许，他就是掌管双墩原始部落最高权力的大巫师？我曾接待过一位雕塑家，他惊讶地注视着这件垂暮老人的头像雕塑评价说：如果从人体头骨结构比例来说，这件老人头部塑像更符合真实的双墩先民形象。而陶塑孩童人头像显然含有夸张和理想的成分。不过，我更关注的是他的判断：这个陶塑老人头像是男性！而且这个判断至今没有人提出异议。那么，双墩遗址出土两件陶塑人头

图五　蚌埠双墩遗址陶塑老人头像

像均为男性就值得我们认真的思考了。

至于双墩陶塑人头像的右耳有穿孔（左耳残缺），为女性耳饰所用，文面习俗为女性成年礼标志的说法，由于篇幅所限，不再逐一辨析。国内外诸多学者在历史、民族、种族、宗教、习俗等各方面搜集、整理了大量的有关文面、文身的资料，只要认真查阅和梳理就会明白：头饰、耳饰、鼻饰、唇饰，以及文面、雕题、文身等习俗从一开始就不局限于女性。更多的是男性为趋利避害、宗教信仰、图腾崇拜、部族识别而创造并传承的。而女性的文面、文身除了审美的需求外，更多的是具有部族识别和受部落保护的原因。从年代久远的上古时期一直到近现代，从中国西南、亚洲各国、环太平洋岛屿等世界范围内，文面、文身习俗一直延续着，传承着。有许多专著都记录和论述这个问题。而中国双墩遗址陶塑人头像的雕题与文面，可以说是目前人类雕题文面习俗最早的实物例证。而淮河中游蚌埠的双墩遗址是雕题文面习俗的源头所在。

三　双墩陶塑人头像"雕题""文面"的意义

2010年6月，我曾发表过《双墩陶塑人头像"雕题"与"文面"源流考释》[2]一文，尝试论证了在我国西南、东南地区少数民族文面、文身的习俗，来自于远古时期的淮河流域地区。对"雕题"中的椭圆形的同心圆符号，认为它与创世神话中的"浑天说"、盘古开天地的传说有关。而这个传说至今在淮河流域和西南地区依然保存并流传着。陶塑人头像面颊两侧各有五个点构成的斜线与两只眼睛的关系，可能蕴涵了双墩先民对日月和金木水火土五大星辰运行轨迹的认识。表明双墩先民对宇宙天体运行有了相当的观察和认知。这些考释仅仅是依据远古的神话传说和史料上古人对星辰日月认识的记载，对雕题文面意义的探索性尝试。

那么，对于双墩陶塑孩童人头像的雕题与文面的意义还有其他的解释吗？随着对双墩遗址刻划符号认识和研究的深入，我觉得另有一种解释或许更

加确切，就是双墩先民的太阳崇拜和涂山崇拜。

太阳崇拜是人类早期社会的共同崇拜物，这些已经被大量事实所证明。除此之外，生活在世界各个不同自然环境的人们也会对最关切的不同实体产生崇拜。我们可以确定无疑的证实，双墩先民对天体运行、季节转换已经有了相当的认识能力。譬如，在刻划符号中有一个"四叶花"的符号，它通常与捕鱼、养蚕和狩猎的符号组合在一起。表示当这种"四叶花"开的时候，人们就开始从事捕鱼、养蚕和狩猎的生产活动。这是原始"物候历法"典型实例。另外对于太阳形象的刻划符号也有多种表现形式，有圆形的、半圆形的、带光芒射线的和带日晕的等等，表现了不同时间、不同季节太阳形象和位置的变化。创造并实施了原始十月太阳历（图六）。可见双墩先民生活时期，已经积累了丰富的天文历法知识，并且熟练的运用在生产生活之中。

那么，我们如何确定双墩先民原始崇拜的对象是太阳和涂山呢？双墩遗址刻划符号中有一副十分重要的符号——双墩原始地理位置图。我在《从蚌埠双墩遗址出土的巢居刻划谈起》[3]一文中是这样介绍的：蚌埠双墩遗址现今的地理位置，北面是一

览无余的淮北平原，南边是缓缓东流的淮河，其西偏南不足30华里就是著名的历史文化名山——涂山。站在双墩遗址极目环顾：向东可迎来喷薄欲出的朝阳，向西可望见一峰耸立众山相拥的涂山。这幅场景被双墩先民刻划在陶器底部保存下来：在这幅器底刻划中长长的横线为地平线。横线与一小斜线交叉点为双墩遗址的位置，小斜线上端指向正在冉冉上升的红日，下端直指涂山的主峰。这幅刻划符号正是我国最早的地理位置图——双墩位置图（图七）。它与山东莒县凌阳河遗址出土的陶器大口尊上的"🔆"刻划有异曲同工之妙。据研究，"🔆"表达的是凌阳河原始先民所处的地理位置。相比之下，蚌埠双墩先民所刻划的地理位置图要比凌阳河人早2000余年。

但是，仅仅将这幅刻划符号理解为"原始地理位置图"，可能就忽略了另一个更加重要的内容：双墩先民将东方的日出和西南方向的涂山浓缩在一副刻划上，还诠释了整个氏族部落对太阳和涂山的崇拜。从双墩遗址刻划符号的研究成果来看，双墩先民已经有了相当完备的原始宗教思想。他们对天体崇拜的主体是太阳，使用的原始历法为"十月太阳历"。对大地崇拜的主体是涂山，他们居住的两

图六　四叶花、太阳纹刻划纹　　　1. 四叶花　　2. 四叶花与捕鱼　　3. 四叶花与蚕茧
　　　　　　　　　　　　　　　　　　　4. 光芒纹太阳　5. 重环纹太阳　　6. 同心圆太阳

图七　双墩遗址地理位置图符号

1. 双墩地理位置图刻划符号
2. 双墩地理位置图线描图
3. 现今双墩遗址位置图

面坡房屋的正面形象就是"山峰"的形象。

　　我在 2009 年 11 月安徽省第五届淮河文化研讨会提交的论文《双墩遗址地面房屋建筑刻划符号解析》[4]，介绍过一件特殊的建筑类刻划符号：这件刻在陶碗底上的符号是由同心圆和等腰三角形两个符号叠压构成（图八）。在三角形符号的左下角有一道复线（双墩遗址刻划符号的刻划重要规律之一就是：复线代表着"入口"）。等腰三角形就是双墩先民居住的"两面坡"地面房屋建筑形式。按照"入口"高度与人体高度相近似的比例，判断"入口"高度大约为 2 米。以此为据，推测这间房屋的高度应当在 6~7 米左右，它的宽度也在 6 米左右。房屋的进深，参照其他房屋刻划符号的长度，推测应当超出 10 米以上。这样一座高大宽敞的建筑，显然具有非同寻常的作用。将两面坡建筑符号与同心圆符号叠压在一起，从视觉效果看：高大神秘的"山"形建筑沐浴在金色太阳的光芒之下。显示着这座房屋建筑具有神圣地位：是"太阳神"或者"太阳神之子"居住的"神殿"。

　　双墩先民是崇拜太阳的，同心圆符号象征的太阳高高的悬挂在空中，带来光明与温暖，是万物生长的依赖，有着极为神圣和权威的象征。双墩先民又是崇拜涂山的，涂山是方圆百里最高最大的山峰。耸立的山峰就是一个三角形的形象。山顶是距离太阳神最近的地方，也是接受神的意志最近的地方。作为太阳神之子，作为太阳神意志的接受者和传达者，居住在"神

殿"内的必然是部落氏族的统治人物。所以，他们使用的器皿外部（陶碗、陶钵、陶豆等）都涂满了红色颜料。这不仅仅是举行祭祀活动的特殊用具，也代表了这一特殊群体的崇高地位：他们是双墩先民所在的氏族部落或者氏族集团中具有重要的社会地位的人；他们是敬天地、事鬼神、"与天地通"的人；他们是掌握天文地理知识、创造物候历法，发明、刻写、传播刻划符号和对外交流的人；他们是部落氏族中的酋

图八　双墩遗址"神殿"建筑符号

76

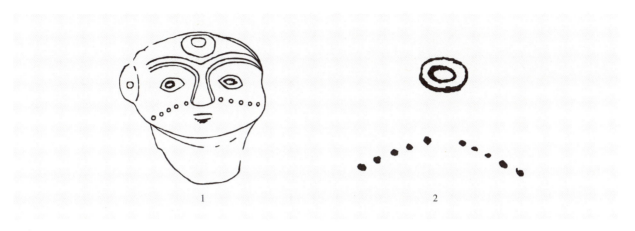

图九
1.双墩遗址陶塑人头像线描图
2.去掉面容后的雕题、文面符号

长和大巫师；他们更是双墩先民崇拜的"人神"。而这样的"人神"必须配有特殊的符号标志才能在氏族部落之间、部落集团之间和民众中间得到尊重和膜拜。而这个标志就是刻在陶塑人头像面上，象征太阳与涂山的"雕题"和"文面"符号。

现在我们做一个有趣的实验：在观赏这件陶塑孩童头像时，我们如果将孩童的五官形象隐去，留下的就是象征太阳的"同心圆"符号和象征涂山的"山"形符号组合（图九）。这样的符号组合让我们更加确定了陶塑孩童头像的身份应是双墩先民崇拜的无上高贵和权威的"人神"。因为只有他才有资格配有"太阳神"与"涂山神"的标志性符号。

现在我们可以总结一下双墩遗址陶塑人头像的"雕题与文面"符号给我们的启示：双墩先民是崇拜天的，它的代表物是"太阳"；双墩先民是崇拜大地的，它的代表物是"涂山"；双墩先民是崇拜

人祖的，他的代表物是粗大威猛神形兼备"男根"。是父系社会崇拜始祖的表现。将"天神——太阳"、"地神（山神）——涂山"和"人神——双墩始祖"三者融汇在一起就是陶塑人头像的真正意义。因此，认定陶塑人头像为男性有着充分的依据。

结合双墩遗址出土的大量用于祭祀活动的陶器组合和600余件具有原始文字功能的刻划符号，以及双墩遗址初步显露的大型祭祀台的遗迹现象。我们有理由推断：双墩遗址曾经是一处举行祭拜"天、地、人"神的重大祭祀仪式的活动场所。我们惊叹7300年前双墩先民就有如此完备的崇拜"天、地、人"神灵的原始理念。惊叹双墩先民已经能够举行祭拜"天、地、人"神灵的大型祭祀活动。这种祭祀模式一直延续至今，成为中华民族文明一脉的精华。我们不得不为双墩先民所创造的淮河流域早期文明所折服。

参考文献

[1] 徐大立：《蚌埠双墩新石器遗址陶器刻划初论》《文物研究》（第五辑），黄山书社，1989年。

[2] 辛礼学：《双墩陶塑人头像"雕题与文面"源流考释》《长江·三峡古文化学术研讨会暨中国先秦史学会第九届年会论文集》，重庆出版社，2011年。

[3] 徐大立：《从蚌埠双墩遗址出土的巢居刻划谈起》，《学术界》（淮河文化研讨特辑），2004年增刊。

[4] 徐大立：《双墩遗址地面房屋建筑刻划符号解析》，《皖北崛起与淮河文化——"第五届淮河文化研讨会"论文选编》，合肥工业大学出版社，2010年。

蚌埠市博物馆藏元末农民起义军钱品析

陈新宇（蚌埠市博物馆）

元代是我国历史上第一个由少数民族建立的全国统一王朝，在中国古代史上留下了深深地烙印。同时，它也是一个短命的王朝，共传五世十一帝，历时九十八年。元末爆发的大规模农民起义，更是让后世统治者心存忌惮。昔日气吞山河的农民起义，我们如今也仅能从史料中感受其磅礴的气势，但在蚌埠市博物馆的藏品中，有几枚"孔方兄"见证了那段鼓角铮鸣的岁月。由于馆藏元末农民起义军钱数量较多，笔者以龙凤通宝、大义通宝、天佑通宝3枚钱币为例进行赏析。

馆藏元末农民起义军钱均于1988年出土自市区青年街基建工地钱币窖藏，共出土5种22枚，计有：龙凤通宝折三3枚；大义通宝折三6枚；天佑通宝5枚，其中背篆书"叁"字1枚、背"五"字4枚；天启通宝折三1枚；天定通宝折二、折三7枚。此类钱属农民割据政权货币，地域性强、铸期短、铸量少，在同一钱币窖藏中出土如此众多品种和数量实为少见。

一 龙凤通宝

龙凤通宝为元末农民起义军建立的韩宋政权所铸。圆形方孔，青铜质，铜赤如金，折三钱。面文"龙凤通宝"，楷书，对读，字体端庄，光背无文。直径3.5厘米。

元朝末年，政治腐败，经济衰退，社会矛盾日益加深。元顺帝"开河变钞"的举措直接导致社会矛盾的激化，人民苦不堪言纷纷揭竿而起。至正十一年（1351年）五月，韩山童、刘福通以白莲教

图一 龙凤通宝（正背面）

为纽带在颍州发动起义，因起义军以红旗为帜且头系红巾，故称"红巾军"。起义过程中，因消息走漏，韩山童被捕惨遭杀害。刘福通独自带领红巾军继续斗争，义军队伍很快发展壮大，在安徽、河南一带势力尤盛。

至正十五年（1355年），刘福通迎立韩山童之子韩林儿为皇帝，定都亳州，国号大宋（史称韩宋），改元龙凤。同年铸行"龙凤通宝"，钱分小平、折二、折三等。二十三年，张士诚攻打大宋，刘福通战死。朱元璋命令廖永忠迎接韩林儿赴应天，船行至半途沉于江中，韩林儿死，大宋政权亡，其存在时间不足十年。

二　大义通宝

大义通宝为元末农民起义军建立的陈汉政权所铸。圆形方孔，青铜质，铜质呈红褐色，折三钱。面文"大义通宝"，楷书，对读，光背无文。直径3.1厘米。大义通宝铸行于至正二十年（1360年），其铸造者是元末起义军首领陈友谅，钱分小平、折二、折三三种，制作水平稍逊。

图二　大义通宝（正背面）

北方红巾军兴起之后，南方各路义军也纷纷响应，打着红巾军的旗号起事。至正十一年（公元1351年）十月，彭莹玉等人在湖北拥立徐寿辉称帝，国号天完。十五年正月，徐寿辉派遣大将军倪文俊进攻沔阳，陈友谅于黄蓬发动起义，以示响应。沔阳攻破后，陈友谅加入红巾军，投靠在倪文俊麾下，初为簿书掾，后以功升元帅。

十七年九月，陈友谅袭杀反徐寿辉的倪文俊，以勤王为由，自称宣慰使，起兵攻下江西诸路，连克江西、安徽、福建等地。十九年，陈友谅杀天完将领赵普胜，挟持徐寿辉，迁都江州，自立为汉王。次年，攻陷鸠州，弑徐寿辉，后登基称帝，定国号为汉，改元大义，参照徐寿辉天完政权的天启、天定通宝，铸行"大义通宝"。二十三年，陈友谅率六十万水军进攻朱元璋，《明史》载："友谅忿疆土日蹙，乃大治楼船数百艘，皆高数丈，饰以丹漆，每船三重，置走马棚，上下人语声不相闻，舻箱皆裹以铁。载家属百官，尽锐攻南昌，飞梯冲车，百道并进"，但在鄱阳湖大败于朱元璋，陈友谅也在突围中身亡。陈友谅死后，张定边等人在武昌拥立陈友谅次子陈理为帝，改元德寿。二十四年，朱元璋西吴军廖永忠部兵临武昌城下，陈理出降，汉亡。

三　天佑通宝

天佑通宝为元末农民起义军首领张士诚所铸。圆形方孔，青铜质，折三钱。面文"天佑通宝"，楷书，对读，背穿上叁，纪值。直径3.4厘米。天佑通宝铸行于至正十四年（1354年），有小平、折二、折三和折五等四种。其中小平钱背铭以"一"字，折二铭"贰"，折三铭"叁"，折五铭"五"。

张士诚，是江浙一带抗元义军的领袖。同红巾军起义不同，他是元末起义军领袖中立场"最摇摆"的一位，与元朝的关系反反复复，时叛时降。张士诚早年以贩私盐为生，元末朝政腐败，盐民生活苦不堪言，张士诚也因贩私盐一事受到富家欺凌。至正十三年（1353年）张士诚率盐民十八人起义，又称"十八条扁担起义"，他们杀富豪，焚官舍，起

图三　天佑通宝（正背面）

义军队伍很快达数万之众，先后攻占了泰州、兴化和高邮。元朝统治者忌惮其势力，多次派人招安，甚至以"万户告身招之"，即以"水军万户"的官爵招降他，张士诚均未接受。

至正十四年，张士诚在高邮建立临时政权，国号大周，改元天佑，自号"诚王"。之后，连克常熟、平江等地。十六年，定都平江，易名隆平府。张士诚进驻平江后，"即承天寺为府第，设学士员，开宏文馆"，设立省院、六部、百司，大周政权初具规模。十七年，迫于元军与方国珍的夹击，张士诚降元，接受元帝所赐龙衣、御酒，被封太尉，复隆平府为平江路，并"自海道输粮十一万石于大都，岁以为常。"

二十三年，张士诚遣部将吕珍袭击安丰攻打红巾军，杀害刘福通，逐走韩林儿。并以此向元朝邀功请授王爵，遭到拒绝后，复起兵反元。后在与朱元璋多次交锋中屡战屡败，1367年徐达破平江，张士诚被俘至应天自缢而亡。

元末农民起义军钱的出现，从某种程度上说，是农民起义斗争的一大进步。虽然，早在北宋淳化年间农民起义军政权已经铸造应运通宝和应运元宝，但无论从货币制度、发行量还是流通程度来看，二者都无法相提并论。元末农民起义军通过铸造青铜货币来抵制元朝统治者的"变钞"政策，进行军事战争的同时，积极展开经济斗争，这对后世农民起义具有深远的影响。

参考文献

[1] 方成军：《蚌埠出土多种元末农民起义军钱》，《中国钱币》1992年第4期。

[2] 唐石父：《历代农民起义军铸造的货币》，《文物》1960年第10期。

[3] 冯涛、宋振豪、周少川、高寿仙、贺和风：《二十六史大辞典》，北京：九洲图书出版社，1999年。

[4] 孙仲汇：《中国钱币大辞典·元明编》，北京：中华书局，2012年。

[5] 张廷玉：《明史》，北京：中华书局，1974年。

[6] 洪静渊：《元末红巾军首领韩林儿称帝的事迹与文物》，《内蒙古社会科学》1984年第4期。

[7] 任崇岳、薛顺兴：《陈友谅身世考辨》，《中州学刊》2003年第4期。

[8] 秦静：《张士诚降元问题新探》，《求索》2012年第2期。

[9] 董国新：《起义军铸币定性的思考——兼谈元末的几种钱币》，《西安金融》2000年第7期。

安徽博物院藏清光绪官窑瓷器赏析

高　奥（安徽博物院）

　　清光绪时期（1875~1908年），自1861年11月"辛丑政变"后，清政府与外国侵略者联合镇压了太平天国和捻军，社会局面相对稳定，腐朽的封建政权在帝国主义支持下得到暂时的巩固，进入所谓"同光中心"的历史时期。以慈禧为首的统治集团，一方面不断出卖国家主权，另一方面大肆搜刮民脂民膏，以满足自己穷凶极欲的需求。在这种情况下，从光绪元年开始，景德镇御窑厂陆续为王朝宫廷和东西两陵烧制了不少精美的瓷器和祭器，使长期不景气的制瓷业稍微复苏。

　　光绪初年大量烧造官窑器，光绪十年、二十年、三十年为慈禧五十、六十、七十寿辰又大批烧造寿庆典礼和赏赐所用的官窑瓷器，在嘉庆以后官窑衰落的形势下，大有中兴之势的起色。晚清咸丰、同治、光绪、宣统各朝烧制的官窑瓷器中，光绪一朝在品质和数量上均居首位。此时官窑器在器形方面除杯、碗、盘、瓶、罐、炉、提梁壶等之外，还有仿青铜礼器如豆、簋、簠、鼎等以及造型新颖别致、清丽奇特的安徽博物院藏署"光绪三十四年（1908年）安徽太湖附近秋操纪念"款的牡丹吸杯等（图一）。

图一　大清光绪三十四年太湖秋操纪念杯及款识

单色釉有霁红、霁蓝、娇黄、豆青、天蓝、瓜绿、钧红、石绿、胭脂水、珊瑚红、白釉等。在我馆的藏品中，即有两件难得的光绪官窑单色釉瓷器。一件为霁蓝釉象耳方瓶，该瓶遵循传统制式，制作规矩，仿玉琮形制，呈天圆地方之形，腹部两侧贴饰双象形耳，象鼻衔环，雕刻精致，意合天地矩象。整器通施霁蓝釉，釉面肥厚莹润，釉色凝重深沉，釉面不流不裂，色调浓淡均匀，蓝如深海，呈色较稳定。口沿、瓶棱角边缘色浅，圈足，瓶底蓝釉下青花书"大清光绪年制"六字双行楷书款。造型周正，端凝敦厚，静穆古朴（图二）。

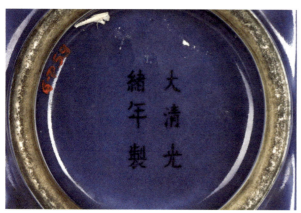

图二 "大清光绪年制"款霁蓝釉象耳方瓶及底款

蓝釉象耳琮式瓶自乾隆朝开始流行，以后历朝均有烧造，为清代官窑传统品种。因瓶谐音"平"，两侧饰象耳，故有"太平有象"之吉祥寓意，是典型的清代官窑陈设器。

在中国古代陶瓷文明之路上，蓝色出现得几近最晚，唐代之前没有丝毫蓝色的釉彩迹象。从烧造的偶然性上讲，蓝色的出现极有可能，但工匠们没有意识要开掘蓝釉产品，所以直到唐早期，唐三彩的出现才让蓝釉谨慎登场。

蓝釉入清，一切大变。作为传统陶器品种的霁蓝，名正言顺的成为天地日月四大祭器之一，霁蓝亦写作祭蓝就源于此。祭祀之器在明初朱元璋登记后就指定了规矩，《大明会典》载："洪武九年，定四郊各陵瓷器，圜丘青色，方丘黄色，日坛赤色，月坛白色，行江西饶州府，如式造解。"圜丘青色即霁青色，就是通常所说蓝釉，这种霁蓝色深邃沉着。康熙蓝釉开始分出深浅，深者为传统霁蓝釉，祭祀常用，而浅者为创新品种，色淡如晴天，故称天蓝釉。天蓝釉的影响在有清一代一直持续至清末甚至民国初年。天蓝釉在陶瓷中是一种崭新的釉色，虽同为蓝色，但与霁蓝釉相差甚远，而霁蓝釉与天蓝釉的呈色原理相同，只是程度不一罢了。

另一件"大清光绪年制"款豇豆红釉盘，口径18.2、高4.5、底径11.5厘米撇口，浅腹，圈足。盘内外皆施祭红釉。盘底有"大清光绪年制"六字二行楷书青花款，口沿留白，作灯草口。器形规整端方，釉色莹润匀净（图三）。豇豆红釉是清朝康熙时铜红釉名贵品种之一。烧制时先在坯上施一层底釉，然后吹上一层颜色釉料，再盖上一层面釉，入窑高温还原焰烧成，呈色变化较多，粉红色中略带灰色的称"豇豆红釉"，灰而色暗的称"乳鼠皮釉"粉红中有绿点的称"苔点绿釉"，带红块的称"孩儿脸釉"釉色有上下高低之分。上乘者，名为"大红袍"或"正红"，釉色明快鲜艳，通体一色，洁净无瑕。居中者，釉如豇豆皮，含有深浅不一的斑点，甚是柔和悦目。有的器身或口沿露出"缺陷美"的绿斑苔点，今称作"美人醉"或"美人霁"等。

康乾盛世，各类红釉产品不断增多。康雍乾三朝，将红釉细分为：郎窑红、霁红、豇豆红、珊瑚红、胭脂红、盖雪红、窑变红、金红、年窑红、洋红、蔷薇红、玫瑰红、钧红、仿朱漆、仿剔红，品种繁多，名称亦有重叠，各自定名出自各自感官。但仅已名称而言，红釉在清朝康乾盛世时期无疑是百花齐放，推陈出新的黄金时代。

馆藏这两件光绪官窑瓷器，在瓷器的装饰艺术上，均属于釉装饰手法。以简约、疏朗的线条之美，纯粹、匀净的釉色之美，达到赏心悦目的艺术效果，是难得的瓷器精品。其款式均为"大清光绪年制"青花款，此外这一时期，官窑瓷器的款识还有署"大雅斋"款的，署"长春同庆""永庆长春"等款识的，也是官窑瓷器中的精细之作。

图三　"大清光绪年制"款豇豆红釉盘

纵逸隽雅　金石笔意

蚌埠市博物馆藏吴熙载《凌霄花图轴》初探

王元宏（蚌埠市博物馆）

图一　清代吴熙载《凌霄花图轴》

清代"碑学运动"的悄然兴起是花鸟画发展的转折点。书家们将"碑学"与"书学"逐步引入到绘画中，随着社会的发展对审美意识的不断变化，开创了一个新的绘画流派——金石画派。

金石画派是清代晚期画坛上受金石研究风尚影响而崛起的一个新画派，以吴熙载、赵之谦和吴昌硕为主要代表人物。金石画派在中国绘画发展史上占有重要的地位，对后世产生了极其深远的影响。

其成就主要体现在花鸟画的创作上，其风格特点是将书法的用笔方法以及金石篆刻的趣味等因素引入绘画，画风雄强古拙，笔墨厚重，气势宏伟。金石画派的出现扭转了晚清画坛因正统派和个性派的衰弱而导致的柔媚浮华之风，并同时开创了晚清写意花鸟画的一代新风。蚌埠市博物馆（美术馆）馆藏一幅吴熙载的《凌霄花图轴》（图一）。

此幅藏品为纸本，长142.5、宽37厘米，设色，条幅。图绘凌霄花，自上而下"之"字斜出。朱红色的凌霄花和墨青的叶子均不加轮廓勾勒，直接用色画出，颜色淡雅，形态讲究，简练而不失其真。疏斜历乱之致，咄咄逼真，笔意活泼而不失稳静，意境淡远，纵逸隽雅，具写意意趣（图二）。

图二 《凌霄花图轴》细节图

款字行书沉酣飞动，书画同幅，珠联璧合，尤为可贵。题跋："壬子春三月明桂嵓老人本怀之吴熙载。"钤印一方："熙载"（朱文篆书）（图三）。

图三 《凌霄花图轴》题跋

作者介绍

吴熙载（1799~1870年），江苏仪征人（图四）。原名廷扬，字熙载，避同治帝之讳，后以字行，改字让之，亦作攘之，号让翁、晚学居士、方竹丈人等。清代篆刻家、书法家。包世臣的入室弟子，善书画，尤精篆刻。少时即追摹秦汉印作，后直接取法邓石如，得其神髓，又综合自己的学识，发展完善了"邓派"篆刻艺术，在明清流派篆刻史上具有举足轻重的地位。吴学问功底，深厚的书画功力和丰富的人生阅历，使他的篆刻登上艺术巅峰，成为一代宗师。

图四 吴熙载画像

艺术成就及绘画师承

外界多介绍吴熙载金石篆刻擅长及师承关系明确，我馆此件藏品为其绘画作品，故笔者查了一些资料，为读者介绍吴熙载绘画方面的师承关系。

吴熙载长期寓居扬州，以卖书画刻印为生，晚年落魄穷困，栖身寺庙借僧房鬻书，潦倒而终。吴熙载是包世臣的入室弟子。其行草学包世臣，篆隶及篆刻则师法邓石如。尤其是篆刻，不仅自成面目，而且进一步完善了邓派印风，后来学邓派印者，多从吴让之入手。

吴熙载以篆书和隶书最为知名。其篆书点画舒展飘逸，结体瘦长疏朗，行笔稳健流畅。古朴虽不及邓石如，而灵动典雅似则过之，颇具妩媚优雅之趣，在晚清书坛享有很高的声誉。对后来的赵之谦、吴昌硕均有影响。

吴熙载虽为包氏的入室弟子，是包氏一门的佼佼者。但从绘画方面来看，师生二人平时的交流，亦多探讨金石、书法的问题，尚未发现有关于绘事方面的直接交流。在师生交往的过程中，吴熙载受包的影响，学习张赐宁的山水画是极有可能的。

除了包世臣外，当时扬州的两位画家郑箕、王素对吴熙载的绘画创作有着直接的影响。关于郑箕是吴熙载绘画老师的说法，持此论者的学人有韩天衡、刘江、吴颐人及杨苍舒。他们在著述中都认为吴熙载晚年拜师于郑箕。从郑箕的传世画作来看，郑箕确有款题学张赐宁的作品。

若以吴熙载的花卉作品作比，其菊、芙蓉的画法的确接近郑箕，但从总的格调来说，吴画明显要高出郑画筹。吴氏临仿张赐宁的作品，山水、花卉皆有。吴熙载学习张氏花卉可能即与郑箕有关，或是仍受包氏之影响（包、吴交往在郑、吴相识之前）。

关于王素，当时士大夫家，皆非王画、吴书不足相配；若不得其一，即以减色。由此可见，王素画作与吴熙载的书法同被当时的士大夫所青睐，两人又同住观音庵。吴熙载向郑箕学画，又与王素同处一画室，同侪交流自是难免。

因此，吴熙载花卉画受王素的影响也是可能的。从吴熙载的花卉画作来看，其树枝、花朵的画法及构图上都有类似王画的地方。综上所述，吴熙载的绘画师承渊源有私淑前人的，有通过其业师包世臣学习前人张赐宁的，也有学习时人郑箕、王素的。除以上外，吴熙载在与其他金石书画艺友交往时，亦会有相互影响，良好的艺术氛围，对其绘画的创作实践，以及画名的传播都是大有裨益的。

当年万里觅封侯

同治三年长江水师提督虎纽银印发微

陈　卓（蚌埠市博物馆）

清季初创，直至咸丰年间，朝廷并无长江水师之建制，多以沿江各省绿营负责江面防务，互为藩篱。洪杨之乱，肆虐东南，曾国藩以其湘军挽清室于危亡，是为肱骨中兴之臣，其中湘军水师"尤能制贼死命"。故而论功行赏，清廷便以湘军水师为基础，设立长江水师。至于其建制与发展过程，史家已颇多论述，笔者不再赘述。仅欲以文物本身为出发点，循"庖丁解牛"之法，以细节解构该印，以图窥之一二。

一　藏品介绍

蚌埠市博物馆所藏这枚同治三年长江水师提督虎纽银印（图一），为清代官印，始造于同治三年，即公元1864年，为国家一级文物。印材质为银质，

图一　同治三年长江水师提督虎纽银印

长与宽同为10.8厘米，高为9.1厘米，总体呈正方形。纽作虎蹲状，虎身刻有花纹，虎头有一"王"字。印文字系汉、满两文并刻，汉文篆书"江南长江水师提督之印"。印背亦用汉、满两文并刻，汉文楷书"江南长江水师提督之印礼部造"。印左边汉文刻写"同字七号"，右边汉文刻写"同治三年九月　日"。该印重达3.75公斤，为研究清代军事史，乃至中国近代史的重要文物。

二　虎纽

在我国北方地区，亚洲大陆的腹地，流行着将写实的自然物种改造为以装饰为目的的动物造型和动物纹饰，旧称"斯基泰艺术"。入主中原的北方游牧与渔猎民族，显然受到这种早期艺术形式的影响，在其统治秩序和礼仪上有所反映，同治三年长江水师提督虎纽银印中的虎纽，便是例证之一。

作为清廷御制的封官之印，其官印等级自然体现在印纽的样式之上。该件器物之上的老虎，自古以来便为兽中之王，为凶猛阳刚的代名词。挂印将

军使用虎纽作为装饰，始于明代。到了清代，出于东北渔猎民族对于虎的崇拜，虎纽运用的则更为广泛。朝廷内外爵位达公、侯、伯三等的皇亲国戚，一品、二品高级武官，及奉旨处理边政事务的封疆大臣大臣，均为虎纽之印。长江水师提督官居武官从一品，其印纽以虎为饰，当属合制。

纵观中国古代文明史中，以虎为装饰的文物不在少数。老虎为亚洲所特有，属猫科，我国为老虎的主要分布区，其九个亚种，分布于我国境内的就有七个，东北虎、华南虎、新疆虎均为国人所熟知，对虎的敬畏与崇拜更是俯拾皆是。而对文物中虎形象判断的标识与切入点，除了额头上的"王"字，主要则是老虎身上特有的纹饰，大致分以下三类：其一，用密集的平行直线、斜线或折角来表现；其二，用随形的平行浅槽表现；其三，用"S"形波纹表现。该印之虎纽便属第三类，通体刻划"S"形纹饰，并间有仿毛发纹路（图二、三），与之相类似的则为广州汉代南越王墓出土的虎节，其通体纹饰亦为类"S"形波纹。

作为区分清代官职与品阶的高低，官印的纽式

图二　侧面

图三 后面

与朝服上的补子、官帽上的花翎，起着同样的作用。除了虎纽之外，自宋代以来，最高等级的帝王御宝均采用龙纽，具体造型可分为交龙纽、盘龙纽、蹲龙纽三种，其中以交龙纽最为普遍；清代嫔妃所用金印，以及和硕亲王宝印、亲王世子宝印和朝鲜国王之印均为龟纽，值得注意的是，此龟形制特殊，首位为龙而躯体为龟，以彰显主人的地位；多罗郡王印的纽式，多采用麒麟形纽，而清廷对外藩所赐之印，如越南、暹罗等国，则为骆驼纽；非动物形的纽式，有云纽和直纽两种，前者为清廷册封喇嘛上层统治者所用，后者则是当时广大基层行政机构用印制式。

三 质地

自古以来，无论宫廷内部还是官僚系统，均等级森严。对于等级的体现，除了上述不同种类的动物装饰，器物本身质地的不同，也体现着所有者地位的高低贵贱，如汉代王侯墓中常见的金缕玉衣与银缕玉衣之别，同为玉衣，穿线质地的不同，体现着死者生前的地位之别。

蚌埠市博物馆所藏这件同治三年长江水师提督虎纽银印，其通体银质，大小约十厘米见方的官印（图四），其重量达七斤半，这也从另一个方面体现制印机构对该级别官印制作的重视。有清一代，银质官印主要用于清廷一品与二品要员之印，长江水师提督官至武官从一品，其以银为质地，符合清廷制度的规定。就武官而言，除提督之外，公、侯、伯、经略大臣、大将军、将军、都统及总兵等，亦以银为官印质地。

周四 上方

等级的不同，必然导致官僚体系内部用印质地的差别。除了银质之外，最高等级的帝王御宝以玉为质地，间有金质与木质，当然此木质也并非普通木材，而是采用名贵的檀香木；较玉质印为次的是金印，多使用于太后、皇后、太子等的册封金印；至于多罗郡王印与暹罗、琉球等外藩国王赐印，为视区别，则采用镀金银印；清代众多的三至九品官员之印，则采取铜质官印，即区别于金银等贵金属，又易于保存；此外，如官府内的文职人员等未入流官的用印，则为普通木质，材料实用普遍，成本也较低。

四　印文

该枚同治三年长江水师提督虎纽银印印文为"江南长江水师提督之印"，以示官职，用满汉两种文字刻于印面，满文居左，汉文居右（图五）。清代为满族统治王朝，满人为统治阶级，而汉人则是国家人口的主体，此外满族与蒙古族相互联姻，以示

图五　印文

满蒙一体。故而有清一代很多官方文字，多用满、蒙、汉三语或两余相间，如官印印文、圣旨及故宫中的宫殿悬挂的匾额均为如此。

"江南长江水师提督之印"这十个字与其满语译文，笔画首尾两头锋利，呈柳叶状，可知其为清时官印印文篆体常用的"柳叶篆"，其他篆体式样还有玉箸篆、钟鼎篆、悬钟篆等种类。

除此之外，印背用汉、满两文阴刻，汉文楷书"江南长江水师提督之印礼部造"，表明该印的御制机构为礼部。清代官僚的任命与考核是通过六部之中的吏部完成的，而礼部则设有铸印局，掌管皇室与官僚体系印章制作事宜，印章中所体现的尊卑有序规矩及设计亦为礼部所厘定。印左侧汉文阴刻"同字九号"，为该印制印编号，官印通常左侧款为其编号，以当朝皇帝年号首字顺序而编；右侧汉文银刻"同治三年九月　日"，明确了该印铸造年份为同治三年（1864年）九月，具有无可争议的具体纪年，为当代史家研究清末长江水师提督的设立和发展提供了文物支持。

五　余论

这枚同治三年长江水师提督虎纽银印，制于清末战乱，又为前线水军官印，保存至今，尤为珍贵。作为历史遗存，该印为清代官僚政治一有力见证；作为文物，其工艺美术造型与细节，体现着制作者的礼制安排与所有者地位的尊卑荣宠。笔者以上从该印之纽式、质地与印文三方面入手，浅析其造型与隐含的礼乐秩序，以期挖掘文物更多的文化价值与意义。

浅析黄宾虹山水画
《擬萧尺木》

王金露（蚌埠市博物馆）

"翰墨丹青——馆藏古代书画作品展"是蚌埠市博物馆的基本陈列之一，主要展陈明清以来的新安画派、扬州画派和海上画派书画家的作品，其中最引人瞩目的一幅画便是黄宾虹的《擬萧尺木》图，此图平铺于展厅内最中央的独立展柜内，因尺寸不大，极易被观众忽略。

《擬萧尺木图》（图一）为著名画家黄宾虹所作，长 33.2、宽 29.8 厘米，该画远处小山几座、中部茅

图一　黄宾虹《擬萧尺木》

庵数间，近处坡岸片石数峦、流水潺潺，枯树三两枝耸立其上，小桥横架于丘陵之间。左上方题"拟萧尺木"，款署"滨虹质"。下钤方章"黄质私印"。画面风格简约恬淡，空灵明净。应属其早期作品。

黄宾虹（1865~1955年），中国画家、书画理论家。初名懋质，后改名质，号大千，别号予向、虹庐、虹叟等，中年更号为宾虹，以号著称。祖籍安徽歙县，生于浙江金华。擅长山水和花鸟画，早期深受新安画派疏淡清逸影响，画风淡雅，被称作"白宾虹"，晚年画作逐渐发展为人们所熟悉的"黑、密、厚、重"的画风即为"黑宾虹"。他虽成名较晚，但在中国近代画史上的地位却不容小觑，有"南黄北齐"

图二　题款署款

之称，南是指位于浙江的黄宾虹，北则指位于北京的齐白石。

纵观黄宾虹一生，可以发现，其作品主要分为三个阶段，第一阶段为：师古人；第二阶段为：师造化；第三阶段自成一体。

第一阶段：师古人

黄宾虹自小便热爱诗文绘画，由于家境殷实，收藏众多，便经常摹习古人画作，尤其喜爱董其昌、查士标之画更兼元明清各家，乃刻意研习不辍。47岁之前，频繁往来安徽与浙江之间考学、工作，深

受新安画派影响。绘画喜用干笔淡墨，重视画面中虚实、繁简、疏密的统一；用笔遒劲有力，在行笔转折处，有纵横奇峭之趣，画风简淡。

蚌埠市博物馆所收藏的《拟萧尺木图》应为他早期作品之一。寥寥数笔勾勒出一幅简淡的山水图，于画面左上提"拟萧尺木"（图二），"拟"通"拟"，萧尺木为人名。此举暗示这幅画乃是他模仿萧尺木的笔法所作。萧尺木原名萧云从，安徽芜湖人。明末清初画家，字尺木，幼学诗文，书画。其山水画广学唐宋元明各家而自成面貌，行笔方折枯瘦，结构繁复而不乏疏秀之致，是典型的姑熟派代表，姑熟派是清代山水画派之一，为新安画派支流。

第二阶段：师造化

1911年黄宾虹携全家定居上海，创办学校，与画友切磋画艺，共谈画论，后因时事影响，游巴蜀、桂、粤等地，画了大量写生作品。这一过程中，慢慢从临摹古人作品中脱跳出来，以真实山水为范本，创作了大量的写生山水，在章法上更是独树一帜，日渐成熟。

其弟子王伯敏撰有一书《黄宾虹书画语录》中曾提到过黄宾虹对山水画创作的认识，原话如下：山水画家，对于山水创作，必然有着它的过程，这个过程有四：一是"登山临水"，二是"坐望苦不足"，三是"山水我所有"，四是"三思而后行"。此四者，缺一不可。"登山临水"是画家第一步，接触自然，作全面观察体验。"坐望苦不足"，则是深入细致地看，既与山川交朋友，又拜山川为师，要心里自然而然，与山川有着不忍分离的感情。"山水我所有"，这不只是拜天地为师，还要画家心占天地，得其环中，做到能发山川的精微。"三思而后行"，一是作画之前有所思，此即构思；二是笔笔有所思，此即笔无妄下；三是边画边思。此三思，也包含着"中得心源"的意思。这一见解与唐代张璪所提出的"外师造化，中得心源"这一艺术创作理论基本一致。都明确了自然万物是绘画的根源，强调艺术家绘画应当师法自然，从自然中汲取创作的灵感，加以内化，最终创作出属于自己的作品。这一行为从本质上讲不是再现模仿，而是更重视主体的抒情与客体的表

现，是主体与客体、再现与表现的高度统一。

第三阶段：自成一体

正是由于前两个阶段的积累和成长，晚年的黄宾虹总结出一生的作画经验，提出"五笔七墨"之说，"五笔"即：平、圆、留、重、变。强调了中国画中用笔法度的重要性。"七墨"即：浓墨、淡墨、破墨、泼墨、积（有时用"渍"）墨、焦墨、宿墨。强调绘画技法中墨色的重要性。后期他在创作山水画时，不仅喜用墨色勾勒点染，泼墨点彩，以积墨、泼墨、破墨、宿墨互用，更善于用水以至出现"黑、密、厚、重"的风貌，画面中常常表现出"黑墨团中天地宽"的特色，使山川层层深厚，气势磅礴。所谓"黑、密、厚、重"的画风，正是他逐渐形成的显著特色。而他在艺术上的成就也源自于他独特的山水画艺术风格即得益于他对笔墨实质的理解和运用，时人总结他绘画精于用笔，娴于施墨。

黄宾虹在中国近代画坛上的重要性不言而喻。其一生痴求绘画，在深研传统的基础上广纳百川，最终不仅仅在理论上为中国画笔墨确立了可资参考的美学标准，还在实践中把中国画推向了新的领域。所以在他 90 岁寿辰的时候，被国家授予"中国人民优秀的画家"荣誉称号。

文博工作探究

四乳禽兽镜　东汉
2001 年郎常米先生处征集

Mirror with Design of Four
Cattle and Four Birds
Eastern Han Dynasty
Collected from Mr. Lu Changmi in 2001

蚌埠双墩、禹会村两处国家考古遗址公园的前景展望

赵兰会（蚌埠双墩遗址国家考古遗址公园）

蚌埠双墩国家考古遗址公园，位于安徽省蚌埠市淮上区小蚌埠镇双墩村，是依托距今约7300年的双墩遗址和距今约2600年的双墩春秋墓及其背景环境为主体；禹会村国家考古遗址公园，位于安徽省蚌埠市禹会区马城镇禹会村和前郢村，是依托距今约7300~4100年的禹会村遗址及其背景环境为主体，具有科研、教育、旅游等功能，在考古遗址保护和展示方面具有全国性示范意义的特定公共空间。蚌埠双墩、禹会村国家考古遗址公园创建工作得到省政府、市委市政府高度重视和支持。省政府已将蚌埠双墩、禹会村国家考古遗址公园创建工作列入省重点文化建设项目工程。现就蚌埠双墩、禹会村国家考古遗址公园创建基本概况、进展、存在问题及下一步工作打算，谈谈自己的思考与展望。

一　基本概况

1. 获批立项时间

蚌埠双墩、禹会村两处国家考古遗址公园均是于2017年11月7日获国家文物局第三批立项。

2. 规划面积

双墩保护范围面积：36.2公顷（543亩）；建设控制地带面积：62.41公顷（936.15亩），合计：98.61公顷（1479.15亩）。禹会村保护范围面积：258.59公顷（3874.35亩）；一类建设控制地带面积：117.57公顷（1763.55亩）；二类建设控制地带绝大部分面积：76.19公顷（1920亩），合计：452.35公顷（6785.25亩）。

3. 投资测算

双墩规划范围内征地拆迁费约3.3亿元；项目建设投资估算：约12.48亿元，合计15.78亿元。禹会村规划范围内征地拆迁费约21.8亿元；项目建设投资估算：约16.53亿元，合计约38.33亿元。尽力多渠道争取国家资金支持。

4. 创建周期

计划自2018年起用3年时间创建，力争第4年2021年12月底第四批国家考古遗址公园评定验收时（最后以国家文物局下文时间为准），蚌埠双墩、禹会村国家考古遗址公园达到挂牌标准，具备对外开放条件。

5. 创建内容

涉及土地征拆、项目建设、考古发掘、日常养护、日常运营、文物科技保护、文物保护工程、遗址博物馆建设、陈列布展、标志标识、环境整治、外围配套设施及旅游设施，等等。

二 创建进展情况

2018 年 5 月 9 日，安徽省省长李国英对蚌埠双墩国家考古遗址公园创建工作进行了实地调研。2018年 5 月 23 日，省文化厅按省政府要求专题召开了安徽省 5 处 4 地考古遗址公园建设推进会。2018 年 4月 4 日，市委书记汪莹纯实地调研了两处国家考古遗址公园创建工作，并主持召开了文化产业调研座谈会，会议听取了蚌埠双墩、禹会村国家考古遗址公园创建工作推进情况，明确指示尽快启动建设，遗址公园人员编制、车辆、经费由市编办、政府相关部门按程序办理。2018 年 4 月 3 日，市长王诚主持召开了第一次蚌埠双墩、禹会村国家考古遗址公园创建工作领导小组会议，审议了创建工作领导组织架构及创建方案等。2018 年 4 月 4 日，市长王诚主持召开市规委会审议蚌埠双墩国家考古遗址公园规划、蚌埠禹会村国家考古遗址公园规划，原则通过。2018 年 6 月 5 日，蚌埠市委常委、宣传部部长谢兵主持召开了 2018 度项目申报推进调度会，就多报项目，多通过项目，进行调度部署。现各项创建工作正在稳步推进中：

（一）组建组织架构

1. 成立蚌埠双墩、禹会国家考古遗址公园创建工作领导小组。

2018 年 4 月 19 日，中共蚌埠市委办发文成立以市委书记汪莹纯为第一组长，市委副书记、市长王诚为组长的蚌埠双墩、禹会村国家考古遗址公园创建工作领导小组。

2. 成立遗址公园创建工作推进督导组及 8 个落实保障组。

2018 年 4 月 26 日，蚌埠双墩、禹会国家考古遗址公园创建工作领导小组发文成立遗址公园创建工作推进督导组及 8 个落实保障组：综合协调组、征地拆迁组（两区分设）、基建项目组、环境提升组、资金争取组、融资组、宣传组、专家技术组，完善了创建保障的顶层统筹协调机制。

3. 淮上、禹会两个区相应成立领导机制。

2018 年 5 月 9 日禹会区、5 月 11 日淮上区也分别发文成立相应的区级国家考古遗址公园创建工作领导机制。

4. 成立独立法人的具体管理机构。

2017 年 6 月，市编委正式批复分别成立"蚌埠双墩遗址（含双墩春秋墓）国家考古遗址公园管理处""蚌埠禹会村国家考古遗址公园管理处"作为独立法人的具体管理机构，各核定编制 3 名。

经 2018 年 4 月 4 日文化产业调研座谈会及 4 月3 日遗址公园创建工作领导小组会议同意蚌埠双墩、禹会村国家考古遗址公园管理处由已批的 3 名编制，分别增加到 7 名正式编，同时编外向社会同工同酬购买服务人员 15 名，已上报相关部门。两个考古遗址公园管理处的法人、机构代码、独立账户等也在办理中。

（二）编制了蚌埠双墩、禹会村两个国家考古遗址公园规划

通过公开招标，确定了由清华同衡依据蚌埠双墩遗址（含双墩春秋墓）、禹会村遗址两个文物保护规划，及时组织编制了蚌埠双墩、禹会村两个国家考古遗址公园规划。市长王诚、市委宣传部长谢兵、副市长张晓静分别组织专家及相关部门对蚌埠双墩、禹会国家考古遗址公园规划进行修编优化工作三易其稿，2018 年 4 月 4 日，蚌埠双墩国家考古遗址公园规划、蚌埠禹会村国家考古遗址公园规划通过市规委会审议。同时，按市规委会意见的修改稿也已按要求上报市领导审定。

（三）组织调研完成了《国家考古遗址公园创建工作考察报告》

为做好两个遗址公园的创建工作，两次组织实地考察调研了 9 家国家考古遗址公园。第一次是由市文广新局谭业军副局长带队，调研了湖南长沙炭河里（在建）、长沙国王陵考古遗址公园（在建）、江西景德镇御窑厂（二批挂牌）、浙江宁波慈溪上林湖越窑（三批挂牌）、江苏扬州龙虬庄（刚立项）5 家国家考古遗址公园。第二次是由市委常委、宣传部长谢兵带队，考察调研了郑州商城国家考古遗

址公园（在建）、大河村国家考古遗址公园（在建）、大明宫国家考古遗址公园（未经立项，直接挂牌）、鲁国故城国家考古遗址公园（第一批立项，第二批挂牌）4家国家考古遗址公园，经过调研、学习和借鉴兄弟省市在国家考古遗址公园创建方面的先进经验、做法及特点，结合蚌埠市实际形成《国家考古遗址公园调研报告》，为蚌埠双墩、禹会村两处国家考古遗址公园创建工作提供决策参考。

（四）编制了创建工作系列方案

经过调研，组织编制了蚌埠双墩、禹会村两处国家考古遗址公园创建工作实施方案，明确了建设目标、周期、主体、进程、时间表及各成员单位建设任务分工等事宜。

制定了任务分解表、项目清单、项目流程图、项目进度表等一系列方案。

（五）积极推进项目建设、环境整治、土地利用及征迁等

已完成考古遗址公园创建方案、任务分解表、进度表、项目清单、项目经费概算、来源、依据等编制工作。目前，已按国家文物局要求谋划编制好遗址公园年度项目清单，双墩21个，禹会22个，合计43个。其中2018年度，双墩7个，禹会8个，合计15个。7月15日前，完成上报工作。

积极推进环境整治与提升。双墩遗址环境整治项目已获国家文物局批准立项，待国家经费下拨后组织编制双墩遗址环境整治方案再上报国家文物局审批实施。

两个区正在积极推进征地拆迁工作。目前，两个区已完成规划区域征拆摸底工作，估算双墩征拆费约4.98亿元，禹会村21.8亿元。

（六）资金投入

立项期（2017年11月7日前），市财政已投入1000万元，用于编制蚌埠双墩国家考古遗址公园规划、禹会村文物保护规划、禹会村国家考古遗

公园规划；已投入1500万元用于配合G206占压禹会村遗址区域的抢救性发掘。淮上区已投入5600万元用于蚌埠双墩国家考古遗址公园核心区110亩土地流转拆迁安置工作。创建期（2017年11月7日后），市财政安排两个遗址公园管理处2018年度运营资金分别为10万元。累计已投入资金8120万元。

（七）考古研究

已分别制定5年配合遗址公园建设的考古工作计划，双墩遗址已开展2018年的考古发掘工作。已分别组建由国内知名考古专家组成的"专家技术组"，以提供技术支撑。

（八）争取支持

积极到国家文物局、省文化厅、省文物局、省考古所沟通对接，经过积极争取，国家文物局、省文化厅、省文物局、省考古所均表示将在政策、资金、技术力量等方面全力支持蚌埠两处国家考古遗址公园创建工作。

（九）宣传营造氛围

为了更好地宣传遗址公园建设，已分别制作两处遗址公园的5分钟宣传片，进行广泛宣传，同时上报省政府宣传使用，营造创建氛围。

三　目前进入创建项目集中申报阶段

按《安徽省文物局关于切实做好2018年国家文物保护项目申报工作的通知》皖文物办函【2018】210号文件精神，现已进入两个遗址公园项目集中申报的时间节点，进入到遗址公园创建项目集中申报的关键时期。目前，与两处遗址公园密切相关的文物本体保护与展示、环境整治、安防技防、导游导览等21个具体立项项目计划书已在报请国家文物局审批过程当中。项目是遗址公园创建工作的核心，只有多报项目，多通过项目，才能保障创建工作的顺利实施。

四 存在制约项目申报建设的问题

1. 征拆问题

双墩需征拆约 1479.15 亩，约需经费 4.98 亿元；禹会村需征拆、流转约 6785.25 亩，约需经费 21.8 亿元。用地指标调整、征拆安置、经费筹措等，给所在区带来一定压力，制约着征拆、流转工作的实施。

2. 考古问题

考古遗址公园规划范围内所有建设项目都必须由考古研究成果来提供依据和可行性，而且遗址公园建设时间紧，任务重，对考古有着特殊要求。目前考古力量无法保障公园建设项目申报的需求。

3. 资金问题

2018 年度，市财政对每处遗址公园安排 10 万元的运营费，已无法满足两处遗址公园项目前期编制费、考古发掘、交通车辆购置等项费用支出，缺口较大。运转资金各约需增加到 200 万元。

4. 人才问题

缺乏大量的专业技术人才和管理人才，来具体实施遗址公园建设这项庞大的系统工程，等等

五 下一步工作打算

1. 加大项目申报力度

2018 年 7 月 15 日前，完成编制上报两处考古遗址公园所有可向文物口争取经费项目 21 个。

2. 加大征拆力度

建议省政府对遗址公园规划范围内补充耕地占补平衡、新征建设用地指标等专门出台宏观指导性调控政策，确保征拆合法顺利推进，确保用地。

3. 加大考古力量

我们将在继续保持同中国社科院考古所友好合作的前提下，同时邀请更多的专业考古团队加入两处遗址公园的考古发掘研究工作，并组建自己的遗址公园考古团队参与考古研究工作，合力推进考古研究工作，为考古遗址公园建设提供充足的考古技术力量。

4. 人才问题

通过不拘一格引进各方面专技人才，来具体实施遗址公园建设这项庞大的系统工程。

5. 争取多方支持力度

进一步加强向国家文物局的汇报请示，及时沟通汇报两处考古遗址创建工作进展情况、遗址公园规划、创建方案、任务分解表、进度表、项目清单、项目经费概算及征地拆迁计划安排等，咨询优化实施两处考古遗址公园 2018、2019、2020、2021 年度项目安排、编制、经费申请等。围绕发展有地域特色的新型城市，推进双墩遗址、禹会村遗址等大遗址保护和国家考古遗址公园建设，交换意见，争取国家文物局支持和指导，期望同国家文物局初步达成签订战略合作框架协议。加大与中国社科院考古所对接磋商，重新签订合作协议，加强充实驻蚌中国社科院考古所安徽队的技术力量。同时，继续积极争取省政府对蚌埠的支持力度，为蚌埠两处国家考古遗址公园创建工作形成支持的合力。

6. 加大调度推进力度

按已通过的两处考古遗址公园创建方案，坚持抓调度推进，坚持"一周一分析调度，一月一督查推进"机制，按项目清单，时间表，横道图，挂图作战、按表督办，对未按要求完成任务，要严肃追究领导和相关责任人的责任，目标考核要扣分，领导干部要问责，以责任倒逼推动各项项目申报及下一阶段项目实施落实工作，确保两处遗址公园顺利达到挂牌标准。

六 未来展望

双墩的考古成果展示了淮河流域新石器时代文明的高度发展，所发现的 600 余件刻划符号被专家组定位为中国文字的重要源头；禹会村的考古发掘证明了大禹的真实存在并在蚌埠这片土地上进行了治水和"会诸侯"等重大活动。相信经过 3 年的建设，两处遗址公园将通过 VR 虚拟现实、机器人和数字技术，将把数千年前的情景再现给游客，重现双墩先民的生活、祭祀以及大禹治水、"禹会诸侯"等重大活动场景，让游客有更深刻的体验、更深度地参与，感受淮河流域早期文明的神秘。两处遗址公园必将成为蚌埠新的旅游名片，为城市增光添彩，促进蚌埠旅游、文化和文物保护的协调发展。

智慧博物馆与观众互动探析

徐德光（蚌埠市博物馆）

博物馆是城市的文化中心，陈列着人类文化遗产的精华，收藏众多具有艺术、科学、历史价值的物品，起到社会教育的作用。当前的博物馆已经发展到智慧博物馆的阶段，能更好的传播文化，与观众实现更多的互动，达到为社会服务的目的。博物馆的管理人员也在不断加强自身的工作能力，借助智慧博物馆的优势，加强与观众的交流互动，在探索的过程中寻求理想的效果。

一 智慧博物馆的概念

智慧博物馆充分利用了数字博物馆的核心技术，同时把互联网技术和云计算技术融入其中，为观众带来了全新的体验，打造成全面的、互联的博物馆新形态，智慧博物馆的出现可以对博物馆进行更好的管理，同时可以对馆藏文物进行有效的保护和宣传，为观众提供了良好的交流平台。对于智慧博物馆的打造过程来说，科技是十分重要的环节，尤其是在管理和保护的层面上，智慧博物馆为了加强与观众的互动，因此必须树立"以人为本"的发展基调，让观众有更好地融入感和沉浸感，并且在互动的过程中探索知识的奥秘，发挥出智慧博物馆的作用，实现博物馆和观众的共同进步[1]。

二 智慧博物馆的发展趋势

（一）实现传统博物馆和智慧博物馆的信息交互

博物馆是非营利性机构，其向社会群众开放，为社会发展提供服务，具有欣赏和教育的功能，进而使优秀的物质文明和非物质文明得到保护和传承。博物馆在发展的过程中需要把社会价值充分发挥出来，不断改进自身的教育模式和管理方法，使服务质量得到不断的提升，满足社会群众对文化的追求。因此，在网络时代下，智慧博物馆必须利用好网络手段，在满足自身发展的同时，也能为社会群众更好的服务。实体博物馆需要游客在藏品展出时才有机会观赏，而观众只能在实物的观察和相关的讲解中获取信息，但是藏品经过信息录入，升级成为数字化管理，很多实物就有了更加全面的信息，通过数字化可以打破时间和空间的限制，让社会群众有机会更好的、全面的了解实物的信息[2]。随着传感器等物联网技术在博物馆的应用，观众和藏品的信息都可以通过传感器和电子标签来获取，利用网络的整合来实现双向互动。利用数据分析技术和云计算技术还可以做到智能化控制。智慧博物馆使得人与物的互动交流不仅仅局限在展馆的范围内[3]。

99

（二）发展智能系统

智能系统也是智慧博物馆发展的趋势之一，具体说来有以下三点的优势：

首先，感知更加透彻。智慧博物馆把很多先进的技术利用起来，并且时刻在感知和获取信息。相较于传统的信息化系统，智慧系统在智能化服务上有了更进一步的调整。利用现代化指挥系统可以自动搜集和采集信息，从而提升了信息搜集的时效性，避免了以往进行大范围的、规模化信息采集，有利于打造数字化资源库[4]。

其次，互联更加全面。智能化系统在网络化环境的作用下，可以对工作模式、工作内容和工作性质进行有效调整。实现全面的互联互通，把如下内容实现多元化的展现，包括：a 藏品、b 设施、c 库房、d 参观者、e 工作人员。除此之外，互联方式也变得更加丰富，利于手段包括移动网络、互联网等，使操作更加便捷。

最后，智能化更加深入。借助多种高科技手段，社会群众可以更好地感知知识的奥秘，同时博物馆的管理人员在决策的制定上也会有更加有效的参考，充分的把有效资源利用起来。可以利用云计算技术进行数据分析，发现群众对哪些内容更感兴趣，哪些知识需要及时更新。

三 如何实现智慧博物馆和观众之间的良性互动

（一）发现和预览

"发现"的功能是博物馆与观众开展有效互动的前提，一旦观众无法打开和发现博物馆的奥秘，也就不会存在观众与博物馆的互动。在物质文明高度发展的今天，"智慧时代"悄然来临，智能化的管理和智能技术可以帮助观众更快的、更好的发现博物馆。比如，现代智能手机可以利用手机应用软件发现博物馆，利用软件人们可以迅速查找到离自己最近的博物馆和博物馆在各个城市的分布，甚至可以利用 3D 效果图查看周边的格局等情况，结合手机地图软件，用户可以找到最佳行进路线，到博物

馆内部一看究竟。手机应用可以向用户提供最佳行进路线，除了可以为观众提供地址路线信息外，还可以同 VR 技术相互融合，具备预览功能，这样就可以对博物馆的内部情况进行大致了解。例如首都博物馆、上海博物馆、苏州博物馆均设置 3D 模拟场景的展厅，观众来到博物馆后就会明确自己想要观赏的藏品分布，以及行进路线[5]。

（二）体验与融入

明确自己前往的博物馆并且抵达的时候，观众可以通过智慧博物馆手机应用软件与博物馆展开正式互动。由于观众已经对博物馆的情况有所理解，并且明确哪些藏品的观赏是自己不可错过的，观众可以对游览的时间进行估测，在应用软件中可以为观众呈现出个人的性别、年龄和偏好，进而在合理的时间内规划出游览路线，观众也可以基于自身的喜好设定出一条路线，然后应用软件就会记录好行程，把数据相关信息反馈给工作人员。观众在游览的过程中会对一些藏品产生强烈的兴趣，会思考其产生的过程和利用价值，比如观众游览的过程中会发现一块琥珀，可以清楚地看到里面昆虫的每个触角，但是如果只通过讲解员的介绍是不能满足观众需求的，这时观众就可以利用应用软件标签和读写器就能在观赏实物的同时对这块琥珀产生年代以及产生条件有深入的了解。再如观众看到众多藏品中有一个玉器杯子，也可以借助应用软件读写器了解其工艺流程，详细分析其文物价值和收藏价值，进而实现利用科学技术与实物的互动[6]。

（三）虚幻与现实

观众在博物馆进行了观赏后往往会有意犹未尽的感觉，对其中很多精美的艺术展品流连忘返，会对很多没有参观到的艺术展品感到遗憾，而博物馆与观众的互动还在持续进行，这就是智慧博物馆中"虚幻与现实"的特征。具体说来，观众利用虚拟技术在手机和网站的浏览中就会把部分没有看到的实物进行补充，比如现在国内很多博物馆都更加注重为游客带来良好的互动体验。十分重视虚拟化技

术的应用，为了便于游客参观了解博物馆，游客可以进行虚拟参观，这样游客在参观过程就不受时间和地域的限制。此外，游客在参观过程当中还可以有效引入 VR 技术，进一步实现虚拟和现实的融合，利用这种辅助性手段，搭建博物馆和观众之间互动的桥梁[7]。

（四）教育和服务

对于学生群体来说，博物馆是仅次于学校的最佳课堂之一，学生在充分利用博物馆的相关资源进行学习时，可以培养其观察能力，自主学习能力，进一步开阔学生的视野，引导学生发掘自身的兴趣爱好，在博物馆的参观过程中构建社交网络，提升自身的各项能力。学生再来到博物馆之前需要对博物馆藏品的相关资讯进行了解，找到自身感兴趣的文物和文物背后的文化价值，这样就可以更好地把握参观主题。同时，与博物馆实现互动的同时，也要仔细阅读文物中出现的说明文字，这样才能更好地进行游览。学生需要在博物馆中学会使用知识卡片、导览器等教育服务设施，这样就会提升观展的效率。从博物馆本身来讲，为加强观众和博物馆的联系、互动，需要搭建起沟通的桥梁，组建博物馆志愿者队伍。引导和帮助观众使用一些现代化技术，为观众讲解相关的文物知识。这样就可以增进博物馆和观众之间的距离，使观众有更加强烈的参与意识[8]。

结　语

综上所述，智慧博物馆的出现见证了时代的发展，充分拉近了博物馆和观众之间的距离，新技术的应用更打破了时间和空间的限制，让观众对博物馆有更好的感知，在互动中获取信息，进而加深对文物的认识。博物馆在今后的发展过程中，要对先进技术进行合理化利用，让博物馆更好的发展。

注释

[1] 陈昕:《浅谈"智慧博物馆"概念的博物馆与观众互动》，《科技风》2016 年第 14 期。

[2] 骆晓红:《智慧博物馆的发展路径探析》，《东南文化》2016 年第 6 期。

[3] 温兴权:《智慧博物馆——数字博物馆发展新趋势刍议》，《大众文艺》2018 年第 11 期。

[4] 李天辰:《博物馆互动体验设计研究》，东北林业大学硕士学位论文,2016 年。

[5] 马江丽:《浅析智慧博物馆的智慧内核和理念导向》，《福建文博》2016 年第 2 期。

[6] 包永泉:《智慧博物馆的智慧内核和理念导向》，《中外企业家》2016 年第 36 期。

[7] 张思桐:《博物馆与观众互动关系及实现途径探析》，《遗产与保护研究》2018 年第 4 期。

[8] 张志威:《智慧博物馆观众行为数字化服务平台的设计与实现》，华南理工大学硕士学位论文,2016 年。

关于安徽地方博物馆馆藏文物
保护工作的认知与思考

以蚌埠市博物馆为例

寇　魏（蚌埠市博物馆）

"夏之兴也以涂山，执玉帛者万国"，作为禹会诸侯之地，"珠城"蚌埠有着厚重的历史文化底蕴，馆藏珍贵文物无论数量还是质量在省内都居于前列，馆藏文物保护工作意义重大。随着经济发展与文物保护工作矛盾日益突出，在科技水平日益发展、信息网络发达的时代背景下，地方博物馆馆藏文物保护工作任重而道远。长期以来，因地方博物馆工作普遍存在的客观因素，加之对馆藏文物保护工作的主观认识严重不足，导致地方馆藏文物保护工作存在很大的局限性和片面性，阻碍了地方博物馆馆藏文物保护工作的开展。目前迫切的需要改进思想，发现馆藏文物保护工作中优秀工作做法和存在的不足并解决问题，让更多珍贵的地方历史文物可以传世，城市记忆得以保存。

一　蚌埠市博物馆馆藏文物保护工作概述

蚌埠市博物馆现有藏品万余件，类别包括青铜器、陶瓷器、书画、杂项（玉器、石器、金银器、石刻等），其中一级文物81件套，二级文物98件套，三级文物1289件套，在馆藏文物保护方面坚持"保护为主、利用为辅"的工作方针。在方针指导下广本着对历史负责、对人民负责的精神开展相关工作。

习总书记主席曾为文物保护工作做出重大批示：他指出文物保护有利于传承民族文化，对加强社会主义精神文明建设有着重要的作用，可谓是利在千秋。

（一）落实文物工作政策，加强馆藏文物保护

文物保护工作始终坚持"创新、协调、绿色、开放、共享"的绿色发展理念，始终坚持"保护为主、抢救第一、合理利用、加强管理"的工作方针，贯彻"只有保护好，才能利用好"的重要举措，落实"让文物活起来"的指导思想。蚌埠市博物馆近年来顺利完成新馆建设工作、全国第一次可移动文物普查工作，2017年12月双墩遗址、禹会村遗址双双入选国家第三批考古遗址公园立项名单，2018年获评全国文物系统先进集体。

（二）狠抓落实勇于担当，扎实开展基础工作

在做好馆藏库房文物保护工作的同时，充分考虑展厅文物保护工作。展厅内展柜均配有恒温、恒湿设备，目视范围内均配有专门管理员及安保人员，确保文物安全。严格按照《国家文物库房建设标准》改造建设了1300多平方米的文物库房，达到防虫、防潮、防蛀、防盗、恒温、恒湿要求，配备了密集柜、囊匣、陈列柜等专用设备。计划加强文物藏品数

据库建设，将文物藏品的描述、图片、生命史制成电子数据，建立文物电子档案，目前此项工作正在进行。

（三）建立健全安全制度，努力做好防范措施

蚌埠市博物馆认真执行文物保护法，不断强化"工作到哪里，安全责任就延伸到哪里"的保障机制，构建扎实有效的物防、技防、人防等防护体系，充分保障了文物和观众参观的安全，做到开馆至今文物工作零事故。

（四）充分利用馆藏资源，保护成果惠及人民

蚌埠市博物馆在充分利用现有馆藏资源的同时，进一步为丰富馆藏文物，不断征集历代青铜器、瓷器、陶器等文物400余（件）套，其中2017年为打造《淮河流域古代名家书画展》征集历代书画名家作品120余幅，大大提升了馆藏书画文物水平，也为优秀展览的推出提供了馆藏基础。积极开展公共考古活动，打造社教品牌，"博物馆进社区""文博大讲堂""小小考古学家""小小志愿者"等活动不断地将文物保护工作成果送进老百姓身边，深受市民群众欢迎。

二 蚌埠市博物馆当前馆藏文物保护工作中的问题及不足

（一）安全应急队伍薄弱

蚌埠市博物馆拥有极其庞大的文物资源，随着时代的发展，经济发展水平的提高，文物的价值也在不断增加，在新的时代背景下，博物馆文物安全所面临的除了"防盗"这一项外，消防安全、公共场馆应急、防恐等全新的安防问题不断涌现，近年来尤为突出的"巴西国家博物馆大火""四川绵竹灵官楼大火""巴黎圣母院大火"等国内外一系列博物馆安全事故，究其最终原因大多是因为安保措施不到位，应急队伍薄弱。虽然在博物馆的正常管理中，也有属于自己的保安队伍，但是队伍整体素质较低，且没有具有相应的消防应急的相关资质。

在探讨地方博物馆馆藏文物安全工作之后会发现，地方博物馆对保安的重视严重不足，仅借助钢化玻璃和监控系统等等措施，从而导致保安队伍组织懒散，没有一套严格合理的建设体系。更有甚者，有的地方博物馆多在社会上招聘保安，并没有在正规公司进行招聘，大多博物馆安保人员并没有掌握相关的技能和应急措施。

（二）缺乏专业文物保护人才

从人力资源方面来看，蚌埠市博物馆目前严重缺乏文物保护的专业人才，这样的问题成为文物保护工作顺利开展的绊脚石。通过对地方博物馆文物保护工作的现状的了解，不难发现现阶段地方博物馆文物保护人员的综合素质不高，工作水平不够，或者出现青黄不接的情况。老一辈人员能力强责任心重，而新一代的保护人员工作效率低拥有专业技术人才较少，或言之水平不够，再加上工作积极性不高，缺少责任感，而带着这样的状态去工作，文物保护工作存在严重风险。

（三）馆藏文物保护工作规章制度不完善

完善的规章制度体系，是博物馆开展各项工作的保障和基础。而在这方面，蚌埠市博物馆做得还是比较欠缺，具体表现在日常管理混乱、安全保障欠缺、宣传教育不足、职工处理办法不清晰等等。正因为没有完善的体系，明确的规定来规范每个人的行为，那么博物馆组织方面难免混乱，失职渎职时常发生。而这些情况在各地方博物馆中，或多或少的都有存在。所以文物保护工作必须要在完善的制度体系的支持下才能更好地开展。

（四）过失行为处理不当

在对当前地方博物馆工作的分析中，发现一个重要的问题：对工作人员工作上的控制不到位。简言之就是在当下文物保护工作中存在很多不合理，不可控的因素，而这些因素大多是人为性的。因为规章制度的欠缺、专业业务知识培训的匮乏，导致工作人员缺乏责任感和处理细节的不足。其次在具

体工作上也不够完善，具体表现在博物馆内部文物保存和应急措施上。例如：安保设施、防盗系统、预防火灾等等。如果过失行为处理不当，难免在工作中忽视细节，进而破坏文物。

三　加强地方博物馆馆藏文物保护工作的几点建议

（一）加强文物保护人才队伍建设

首先要对馆内馆藏文物保护工作人员进行文物保护技能的培训，让每一名馆内与文物相关的工作人员充分了解并掌握对各项文物的不同保护措施。其次在博物馆工作人员招聘过程中，招收具备专业素养的专业人才，适时组织馆内文物工作者定时召开例会，一起探讨学习新的技能，让所有的专业人员认识自己不足，从心底热爱工作，不仅仅培养他们的专业技能，更是培养综合素质。

（二）重点保护田野文物

田野文物，是古人留给我们宝贵的文化遗产之一，属于不可再生的资源。在对地方历史和社会风气发展的研究中具有独特作用，保护好田野文物对当地社会经济文化发展有着积极作用。由于田野文物较之馆藏文物有着明显的分散性和不确定性，安全形势不容乐观，不仅面临着自然灾害的破坏和自然环境的威胁，另一方面还受到人类活动的破坏，城市化进程的加快对田野文物造成了严重的破坏。随着科技的进步发展，现已经有大量的田野文物被发掘出来，因此博物馆对田野文物的保护也迫在眉睫。例如古墓葬、遗址及石刻等田野文物，处于比较偏远之地，保护工作的难度大。所以我们应运用多种有效方式，要科学有效地做好田野文物的保护工作，如江苏淮安市建立的文物及旅游监控系统，可将文物点信息第一时间传递到各级文物部门负责人手机及监控设备上，实时处理突发问题。此外要加强执法组织建设工作、组建强有力的基层文保员队伍和专业人才队伍、营造良好的文物保护氛围，实现田野文物保护。

（三）要大力争取和利用国家级、省级文物保护专项资金

文物保护工作不仅仅是工作人员和博物馆的责任，更需要政府的扶持和帮助，国家文物局、省文物局每年会投入大量文物保护专项经费。不仅从政策上加强对文物保护工作的支持，还行动上为文物保护提供资金保障。要根据本馆实际情况，按照时间截点申报专项资金，利用项目资金，完善库房、展厅文物保护设施，正是因为有了政府的资金扶持，地方文物保护工作才能够更好地开展。

（四）建立健全规章制度

国家已经出台了关于文物保护的相关法律法规，针对文物保护工作明确提出要建立健全规章制度，其中涉及文物账目管理、保存、鉴别等多项内容。在执行上具体表现为："建立合理规范的管理模式和严格的保护管理体系；紧紧围绕国家方针政策开展工作，增强法律意识，掌握法律规则；并随着时代的发展进步不断完善规章制度，保证文物分类鉴别和保护保存工作井然有序的开展。有了制定良好的规章制度，还必须要严格执行，树立规章制度的威信，才能最大程度发挥规章制度的效力。工作人员应严格依规办事，行为失当也要按照规章制度进行处罚，要培养增强工作人员的责任意识，如此，健全的规章制度才能更好地维持下去。

（五）保护利用有机结合，"让文物活起来"

"保护利用，保护在前"明确地指出了在开展文物保护工作的时候，首先要对文物进行最正确的保护。而在当下，社会风气浮躁，经济发展快速，许多人在发展中只看到了经济效益，而没有看到社会效益，这是错误的思想。各地方博物馆可以充分利用馆藏文物资源及平台优势大力开展"公共考古"活动，加大宣传力度来展示文物对社会大众的吸引力。此外博物馆展览是文物保护工作成果的重要表现形式之一，通过展览，更能展现出地方历史文化的独特魅力，适时打造或引进优秀的展览，提升原有常设展览，将有效促进文物保护成果惠及人民。

不仅如此，更应以展示文物保护成果及制定文物保护法规的方式来展现地方博物馆的文物保护工作水平，例如，可以开展文物保护宣传活动，通过走进社区，或者通过媒体来展示一些图片，内容可以是文物保护的价值、文物背后的故事、文物保护法规、文物保护真实案例等，让公众增强文物保护的意识以及了解文物藏品蕴含的历史文化，从而充分利用公众的力量提升博物馆文物保护水平。

（六）鼓励全民参与，发挥公共考古作用

2018 年国际博物馆日主题为"超级链接的博物馆：新方法、新公众"，新的时代背景下，博物馆的开放性日益突出，在馆藏文物保护工作的开展上还应该体现全民性，只有让人们真正了解这项工作，才能为人们在内心深处留下责任感和积极参与的意识。不仅仅是社会个人参与，更可以让企业参与，

这可以通过企业来衍生更多的文化创意产品，对企业而言，结合文物进行产品创新也可以增强企业文化的底蕴。

四　结　语

综上所述，安徽地方博物馆的馆藏文物保护工作近年来在国家、省市文物部门的关心和支持和各地文博工作者的努力下取得了长足的进步，但是问题及不足仍然存在，在馆藏文物保护工作方面依然任重道远。总而言之，馆藏文物保护工作的顺利开展意义重大，不仅仅可以满足地方市民的精神世界的需求、促进经济社会的发展；更可以展现地方的历史文化，增强文化自信，应该得到充分的认识和足够的重视。

参考文献

[1] 张晖：《关于对博物馆文物保护工作的思考》，《遗产与保护研究》2017 年第 5 期。

[2] 段艺专：《加强博物馆文物保护工作的思考》，《文物世界》2016 年

[3] 孙亚娣：《地方博物馆文物保护工作的几点建议》，《低碳世界》第 179 号，2018 年。

[4] 闫洪森：《试论中小博物馆文物保护与修复》，《文物修复与研究》，2016 年。

如何做好博物馆档案管理工作

尤薇娜（蚌埠市博物馆）

档案管理工作是博物馆日常工作的重要组成部分，面对社会的发展，出现了许多亟待研究和解决的新情况、新问题。档案工作者，只有坚持科学规范的管理制度、认真严谨的工作作风、与时俱进的创新精神，才能适应形势的需要，走上档案管理法制化的道路，充分发挥档案特有的价值。

一　博物馆档案管理工作的作用

博物馆的档案记录了博物馆的诞生和成长，记录了一代又一代博物馆工作者奋斗、拼搏、创新的光辉形象。可以说，从设立博物馆开始，档案管理工作就始终围绕着博物馆的中心工作，并为其和其他的各项工作提供服务，发挥了非常重要的作用。

1.收集整理工作

博物馆档案管理可分为普通档案管理和机要档案管理，各博物馆都拥有丰富的馆藏档案。调研结果中以中国革命博物馆为例，原存档档案共计93箱，约2300余盒，包括工作档案、临展档案、国务院文件等。而像山东省栖霞市牟氏庄园管理处只是一个县级博物馆，存档档案也达到12箱，约118盒。蚌埠市博物馆新馆2015年搬迁至此，档案整理工作之前由办公室人员代为整理，分为人事档案、图片档案、底片影像档案、文物卷宗等几大类。这些档案全面准确地记录了博物馆在不同的历史时期所发生的各类重大事件以及博物馆组织机构的调整变化等等，生动地反映了博物馆的成长历程。

2.档案利用工作

档案服务是档案管理的根本所在，也是档案工作的立身之本，只有把服务工作搞好了才能使档案事业发展的路子越走越宽。博物馆档案室经常协助其他部门查阅档案资料，例如博物馆的精品展览申报、馆藏资产评估以及与其他单位发生诉讼纠纷等各项工作提供了确凿有力的凭证。

二　博物馆档案管理中存在的问题

1.博物馆档案管理工作意识淡化

博物馆陈列展览、藏品保管和社会教育等主要业务工作的快速发展，获得了博物馆管理者更多的关注，而对博物馆档案管理工作的重要性则被淡化了，而一些博物馆档案管理工作者自身对档案管理缺乏足够的认识，认为这项工作可有可无，在档案管理工作中缺乏高度的工作责任感和良好的职业道德，又没有积累扎实的档案管理的理论知识、科技知识，因而工作存在缺位现象，导致博物馆档案管理工作在管理方式新旧交替的进程中遇到障碍。

2.博物馆档案工作缺乏长期性、连续性的发展规划

近几年，博物馆档案管理工作虽然进行了一系列诸如达标升级之类的实质性考核，但达标以后，就出现后劲不足，缺少长期性和连续性的管理，再加上部分领导干部对博物馆档案的重要作用的认识不足，对档案综合管理的参与程度不够，造成了博物馆档案工作有领导，无计划；有任务，无落实；有形式，无效果。博物馆档案工作缺乏应有的长期性和连续性的发展规划。

3.博物馆档案管理工作缺乏规范性管理手段

当前博物馆档案管理不规范主要表现在：一是博物馆档案收集不规范。以蚌埠市博物馆文物档案为例，有关文物的档案包括文物收藏档案、文物保管档案、文物展陈档案、文物修复档案、文物借展档案等，这些档案分属文物科、陈列科、办公室等不同的部门进行收集管理，各部门之间各司其职，按照不同的工作方式进行记录、收集、整理的相关档案之间无法进行综合利用。二是博物馆档案整理不规范。由于博物馆中档案业务人员的专业素质参差不齐，在立卷过程中不按照档案规范立卷；三是档案综合管理力度不够。基层博物馆大多受藏品、人才、资金及领导等条件的制约，各项软性的管理工作开展起来就会比较困难；四是档案利用不规范。博物馆档案管理人员对档案借阅内松外紧，手续不完备，造成了借出的档案经常没有按期归还或长时间不归还，甚至遗失。

三　解决博物馆档案工作存在问题的对策

1.增强档案意识，坚持规范建档

基层博物馆一定要增强档案意识，只有这样博

物馆档案工作才能做到因地制宜灵活有效。博物馆档案要全面反映博物馆的各类信息，应包括藏品档案、陈列展览档案、资料档案等，以每一件器物或每一个展览为基本建档单元，包括每一件文物的状态及变化特征，及每个展览与外部环境之间的联系。通过收集、整理各项资料，详细甄别分类，确保资料的准确性和完整性。博物馆档案管理的目的，在于服务和利用，因此要增强档案工作与博物馆发展的贴近度，根据发展需要，可编写《组织机构沿革》《陈列展览精品展》《文物藏品精品汇编》等资料，更好地发挥博物馆档案的服务作用和应尽的职能。

2.加强培训力度，努力提高档案管理人员的专业素质，建立健全管理制度

一是要明确博物馆档案管理负责人、档案员的岗位职责，形成覆盖全馆的档案管理机制；二是要坚持统一领导、分散建档、集中备案的原则，按照完整、准确、翔实的要求，按照规范、标准的原则整理归卷、立卷，把博物馆档案整合为相互独立，又不可分割的整体，最大限度地提高博物馆档案工作的档次；三是要加大档案工作规范化管理力度，把档案管理纳入综合目标量化考核范围内进行考核，使立卷的档案内容能够科学分类、流程清晰、检索方便，实现最大程度保存文物历史信息的目的。

3.搞好信息化建设，做好博物馆档案的研究和利用

电子信息时代的到来给档案管理带来新的革命，我们档案工作者很大一部分时间是直接通过电脑网络来进行电子档案信息的收集、整理和传输。我们要借助系统本身的局域网络，实现档案信息资源共享。博物馆人和档案工作者不应只停留在保管档案上，还要进一步研究利用。我们必须有计划、按标准，在加强档案研究工作的同时，不断地摸索，善于总结经验，使档案的潜在价值发挥到最大。

对国家考古遗址公园创建工作的考察与思考

迟　欣（蚌埠市博物馆）

他山之石，可以攻玉。为了通过考察别处国家考古遗址公园创建工作中的成功之道、特色做法和失败案例，总结经验，免走弯路，以精准指导蚌埠双墩、禹会村两处国家考古遗址公园的创建工作，2018 年 3 月 14 日~17 日，市委常委、宣传部长谢兵带队精心选择了 4 处国家考古遗址公园，进行实地考察调研，提高了认识，取得了真经（2018 年 1 月 18~22 日市文广新局，旅游局已先行考察了 5 处）。下面从考察对象、认识、建议三方面，对考察调研收获进行总结汇报。

一　考察对象

立足蚌埠两处国家考古遗址公园的特点，在充分咨询国家文物局推荐意见的基础上，两次选择考察调研的 9 处国家考古遗址公园年代跨度广，国家立项批次全，并且涵盖不同类型，力求做到全方位多角度地考察，避免以偏概全，尽力取得比较全面的客观的科学的考察收获。

例如，长沙国王陵考古遗址公园（未经立项，自行在建，汉代）、郑州商城国家考古遗址公园（第一批立项，在建，商代）、炭河里国家考古遗址公园（第二批立项，在建，西周）、大河村国家考古遗址公园（第三批立项，在建，新石器）、龙虬庄国家考古遗址公园（第三批立项，在建，新石器）、大明宫国家考古遗址公园（未经立项自行建，第一批直接挂牌，唐朝）、鲁国故城国家考古遗址公园（第一批立项，第二批挂牌，周朝）、御窑厂国家考古遗址公园（第一批立项，第二批挂牌，明清）上林湖越窑国家考古遗址公园（未经立项自行建，第三批直接挂牌，汉唐）。

二　考察认识

通过考察，对国家考古遗址公园创建工作获得以下初步认识：

1.思想统一：创建工作是城市发展新业态、优化功能、提升品质的最佳途径，而不是包袱。

所在地方各级政府及相关部门对国家考古遗址公园创建工作，都从思想深处清醒地认识到，它是盘活土地，争取各方资金，传承城市历史文化，调整城市布局优化城市功能，提升城市文化软实力竞争力，提升城市品质的最优最佳途径，也是城市融合协调发展美丽乡村、生态农业、休闲农业、乡村民宿旅游、文化创意等新业态的孵化剂，更是功在当代，利泽千秋，惠及民生的伟业。因此，没有狭隘地短视地认为它占地广、投资大、回收慢，局限了城市发展。而且也清醒地认识到文物用地范围内一般也不允许除文物保护以外其他建设行为。

2. 认识明确：创建主体是地方各级政府，而不单是文化文物部门。

国家考古遗址公园创建工作涵盖征地拆迁、环境整治、项目规划、建设、文物保护、外围配套旅游设施等方方面面，几乎涉及地方政府所有部门，仅靠文化文物部门根本推进创建工作。因此，创建主体是地方各级政府。

3. 建立起了政府层面的协调、推进、保障机制。

创建工作推进快，取得成功的考古遗址公园，如西安大明宫、景德镇御窑厂、宁波上林湖等，均分别建立起完善有力的政府层面协调、推进、保障机制。

成立地由地方政府主要领导为组长，文化（文物）、发展改革、财政、国土、环保、住建、规划、交通、水利、农业、林业等相关部门为成员单位的国家考古遗址公园创建工作领导小组，全面协调创建工作，解决疑难问题。下设创建工作推进组或办公室，抽调人员集中办公，负责具体的调度推进工作。

同时，在创建工作领导小组下再设几个落实保障组，分工明确，各司其职，具体负责创建保障实施工作。如宁波上林湖建立综合协调、基建项目、迁坟安置、三改一拆、环境提升等5个专门工作推进组。

4. 均成立独立法人的业务管理运营单位。

9家考古遗址公园所在地方政府均设立了独立法人的业务管理运营单位——国家考古遗址公园管理处，具体负责项目规划、立项、申报、协调、服务、监管及向国家文物局争取资金支持等。接受市文物管理局的业务指导和监督。

5. 有明确的建设周期。

大明宫创建周期2年，鲁国故城、御窑厂建设周期3年，大河村、龙虬庄、炭河里国家考古遗址公园计划第四批挂牌。

6. 地方政府高度重视，先期投入大，征拆速度快，申请立项时已初具建设规模，并基本达到开放条件。

2008年西安市地方政府出资100多亿1年完成

西安大明宫占地350万平方米（约5200多亩）征地拆迁任务。创造了大明宫速度。景德镇御窑厂地方出资30多亿，郑州商城地方政府出资10亿，用于征拆。与蚌埠双墩、禹会村第三批同时立项的郑州大河村、高邮龙虬庄国家考古遗址公园，起步早，立项时公园建设已初具规模，并已基本达到开放条件。而蚌埠的两处考古遗址公园建设还基本上是一张白纸，差距太大。

7. 考古为基，规划先行。

所考察考古遗址公园基本上都做过大量的考古工作，对遗址的范围、分布、功能分区、内涵、核心价值等，已基本清楚。遗址公园规划是建立在科学考古基础上的，项目申报容易获得国家审批，便于争取国家资金支持。

8. 以项目为抓手，多渠道灵活争取资金。

以项目建设作为遗址公园创建的抓手，积极对接资金渠道方，多方争取国家资金支持。如文物保护、展示项目资金，可向文物口争取。遗址博物馆主体建设、装饰资金，可向发改口争取。文化产业扶持资金，可向宣传口争取。同时，还可以充分利用国家政策，采取变通的方式争取国家资金，例如，御窑厂遗址公园在谋划项目时就采取灵活变通方式，报围墙项目不给钱，变通报遗址封闭保护工程项目，就给钱；建"游客中心"项目不给线，变通为做展示醒目就给钱，等等。

9. 成立非营利性公募基金会，吸纳社会资金。

西安曲江大明宫遗址区保护管理办公室发起成立非营利性公募基金会——大明宫基金会，开启了文物保护从基本上依靠政府进入到社会参与、多方支持的崭新局面。

10. 借用外脑，组建专家团队，提供技术支撑

大明宫、御窑厂等考古遗址公园均聘用国际国内遗址公园建设方面的顶尖级专家，组建专家团队。在遗址考古研究、公园规划、项目谋划、资金争取、运营管理方面，提供技术支撑，免走弯路，达到高效推进创建各项工作。

11. 遗址公园展示手段的娱乐性和互动性有待加强

通过实地考察，可感受到目前考古遗址公园的

展示手段，多以静态为主，娱乐性、互动性较弱，不利于激发青少年，尤其是儿童的参观兴趣。

12. 出台地方性保护法规，为遗址保护、公园建设提供专门的法律保障。

景德镇市出台《景德镇御窑厂国家遗址公园文物保护办法》等，为遗址保护、公园建设等提供了专门的法律保障。

三　考察建议

通过考察学习，对蚌埠创建双堆、禹会村两处国家考古遗址公园提出以下建议：

1. 要加强舆论宣传，统一思想，明确认识。

必须明确，蚌埠创建双堆、禹会村两处国家考古遗址公园是地方各级政府及部门的事，是全社会的事，是全体市民的事。是功在当代，利在千秋的事。

2、要建立起政府层面的协调、推进、保障机制。

(1)分别成立两个国家考古遗址公园创建工作领导小组。

分别成立由市委书记汪莹纯任创建工作领导小组第一组长，市长王诚任创建工作领导小组组长，常务副市长郑东涛、宣传部长谢兵、副市长胡启望、副市长张晓静任副组长，相关部门为成员单位，其主要负责人为成员的国家考古遗址公园创建工作领导小组，负责顶层统筹，整体协调，解决疑难问题。

(2)国家考古遗址公园创建工作领导小组下设创建工作推进组或办公室：

推进组或办公室由宣传部长谢兵或副市长张晓静任组长。抽调人员集中办公。负责调度、推进创建工作。

(3)同时成立5个创建工作落实保障组：

成立5个创建工作落实保障组：综合协调组、征地拆迁组、基建项目组、环境提升组、专家技术组。分工明确，各司其职，负责落实创建工作。

3. 成立充实独立法人的业务管理单位。

成立独立法人的市文物管理局（副县级）。

其职责定位是在市文广新局领导下，对两处国家考古遗址公园管理处实施业务指导、项目监督、政策争取，负责指导项目前期谋划、设计、申报、资金争取，负责同国家、省文物部门进行项目对接沟通。

充实两处国家考古遗址公园管理处（正科级）。

每个管理处，编制各7人（从文化系统调剂编制3人，从所在区调剂4人），再分别向社会购买服务10~15人。在市文广新局行政领导下，在文物管理局业务指导下，具体负责项目规划、立项、申报、协调、服务、监管及公园的日常维护和监督管理等工作。

4. 有明确的建设周期、进度表、路线图。

明确两处遗址公园建设周期4~5年，并分别制定时间进度表、路线图。

5. 尽快启动两处考古遗址公园核心区及规划项目建设区的征地拆迁工作。

6. 进一步加强两处考古遗址公园的考古工作。

国家文物局明确批示，蚌埠两处遗址的分布范围、功能分区、内涵、核心价值等有待进一步明确，以优化规划，指导项目建设。而目前两处遗址的发掘工作，仅靠中国社科院考古所安徽队，人员明显不足，无法满足项目建设需要。急需中国社科院考古所增加技术人员或再引进其他国内专业考古技术力量，加强考古研究，保障项目的顺利实施。

7. 优化后的二处国家考古遗址公园规划尽快上市规委会评审，以规划指导项目建设。

8. 加强同国家文物局沟通对接，做好前期项目的精准谋划。

9. 多渠道争取项目资金，也可尝试成立非营利性公募基金，吸纳社会资金。

10. 借用外脑，组建专家团队，提供技术支撑。

11. 引进高科技，增强两处遗址公园展示手段的娱乐性和互动性。

12. 尽快出台两处遗址的地方性保护法规，为遗址保护、公园建设提供具体的法律保障。

浅谈城市建设与历史建筑的保护

董凡凡（蚌埠市博物馆）

近年来，我国城镇化高速发展，城市建设步伐不断加快，城市的面貌正在发生着急剧的变化，然而在这一过程中，许多历史建筑及其环境也正面临着破坏及威胁。如何在城市的现代化建设过程中，保护好、利用好这些珍贵的历史文化遗产成了当下城市发展亟待解决的现实难题。蚌埠市位于安徽省北部，淮河中游，不仅拥有璀璨的古代文明，同时作为近现代因铁路而兴起的典型城市，拥有众多遗迹，同样面临着建设与保护的难题。

一　保护历史建筑的意义

历史建筑，是指由政府确定公布的具有一定保护价值并能够反映地方历史风貌和特色的建筑物、构筑物，是历史文化遗产的重要组成部分，包括历史建筑及历史风貌建筑，具有特殊价值的建筑遗产。2014 年 9 月，习近平针对中国建筑文化的缺失问题指出，"建筑是凝固的历史和文化，是城市文脉的体现和延续，要处理好传统与现代、继承与发展的关系，让我们的城市建筑更好地体现地域特征、民族特色和时代风貌"。

历史建筑，是一座城市发展的见证者，深刻地记录了城市的文化和历史变迁。位于蚌埠的津浦铁路淮河大铁桥，始建于 1909 年，是连通我国南北的重要交通大动脉，见证了蚌埠城市的崛起与繁荣，百年沧桑，保存至今，现已成为爱国主义教育基地，仍发挥着作用。历史建筑，像一个历经沧桑的老人，保留了城市的很多记忆。没有了历史建筑，等于抹去了城市的历史记忆，后世子孙将找不到城市的根脉，找不到自我的历史与文化凭借，城市将成为无源之水、无本之木。

历史建筑，是一个城市区别于其他城市的重要标志，是建设现代特色城市的基础。提到北京，大家会想到绵延起伏的万里长城，说起西藏，庄严雄伟的布达拉宫仿佛就在眼前，历史建筑与城市有时候已经融为一体。城市的魅力在哪里？在于它的特色，而这种特色往往根植于文化的土壤中，历史建筑作为凝固的历史和文化，本就是城市特色的重要载体。始建于 1928 年的宝兴机器面粉厂位于蚌埠市朝阳路公路桥东侧淮河南堤边上，作为蚌埠最老的近代工业建筑，可以说是蚌埠近代城市发展的缩影和见证，2010 年即划为市级重点文物保护单位，历经百年，屹立至今，可以说是历史建筑保护的典范。

保护历史建筑有利于促进城市发展。一个城市经济越是发达，文化的重要性就越是突出，在文旅结合的当下，文化在城市竞争中的地位日益突出，历史建筑作为一种重要的文化资源，保护历史建筑，有利于提升城市的竞争力，从而促进城市发展。

二 城市建设与历史建筑保护的关系

历史建筑保护是城市建设的重要组成部分。城市建设是城市管理的一部分，通过规划建设工程对城市的居住环境进行改造，对城市系统内各物质设施进行建设，其内容包括城市系统内各个物质设施的实物形态，是为管理城市创造良好条件的基础性阶段性工作。城市建设以城市规划为依据最终服务于城市运行，可分为两个部分，一是城市精神文明建设，二是建筑实务建设。由此可知，历史建筑本就是城市建设的一部分。

城市建设为历史建筑保护提供了有利的发展条件和机遇。当下城市间的竞争已经不是单纯的经济竞争，文化竞争越来越激烈，随着经济的快速发展，物质条件的极大改善，人们评价一个城市也往往更看重文化而不是经济，因此，文化越来越成为增强城市竞争力的关键。事实证明，城市经济越是发达，对文化的需求越大，就越重视文化的发展，从这一角度来说，城市的现代化建设为历史建筑的保护提供了有利的发展条件和机遇。位于蚌埠龙子湖畔的古民居博览园就是典型例证，该园将濒临拆毁的来自多个地方的数百栋古民居抢救复建并展示在公众面前，发展旅游业的同时更将历史建筑很好地保护下来。

三 城市建设与历史建筑保护所面临的问题

第一，保护与建设的矛盾。自 20 世纪 80 年代以来，我国经济飞速发展，城市的面貌也发生了翻天覆地的变化，高楼大厦逐渐取代了瓦房茅屋，城市化加快，城市人口不断膨胀，使得土地越来越成为稀缺资源，而历史建筑占据着城市的部分土地，有的甚至位于非常重要的地段，因此保护与建设的矛盾是城市建设与历史建筑保护面临的重大问题之一。

第二，法制不全，执法不力。国外对历史建筑的认识较早，从人们的自发意识到 1936 年的《雅典宪章》再到 2004 年的《关于文化遗址纪念地解释说明的宪章》，逐渐从对历史建筑最初的保护、维护到保护历史建筑的方法原则，对历史建筑的环境、价值等都进行了深入的研究，使城市的现代化建设与历史建筑有机结合了起来。我国相对于国外，对历史建筑的认识较晚，我国是在 20 世纪 80 年代以后，随着经济文化的发展，政府和人民才逐渐认识到了历史建筑对城市的重要性，随后才出台了一系列保护历史建筑的法律法规，由于发展较晚，法制不是很完善，也存在执法不力的现象。

第三，人们保护历史建筑的意识淡薄。我国对于历史建筑的保护最早是在梁思成先生所著的《全国重要建筑文物简目》中提出，但他提出的以"北京全城"为文物，保护北京古城的提案并未得到实施。当时我国在发展初期，一些城市盲目以经济为重，建新拆旧，使得大量历史建筑遭到破坏，人们对于历史建筑及历史建筑保护法淡薄，如今，随着经济的发展，人们的认识得到一定程度的提高，但保护历史建筑的意识以及对历史建筑的研究仍然需要很大提高。

四 实现城市建设与历史建筑保护的统一

历史建筑是一座城市文化的载体，是不可再生的，一旦破坏，很难恢复。充分认识历史建筑并且保护好、利用好历史建筑，使之与城市建设统一起来，才能既保留住城市的根脉，又推动城市的健康可持续发展。

正确处理好保护与建设的矛盾。在城市发展过程中，城市建设与历史建筑保护的矛盾是无法回避的问题。长期以来，人们对于历史建筑，更多的是关注到了它的文化价值，因此，这就把城市的现代化建设与保护历史建筑对立起来，甚至把历史建筑视为城市现代化建设必要的牺牲，其实，历史建筑除文化价值外，还有很多其他价值，如经济价值等。

一些城市将历史建筑的经济价值开发利用了起来，不仅保护了历史建筑，而且提高了城市的知名度，解决了城市历史建筑周边因不能开发带来的衰退问题，即把城市建设与历史建筑保护很好地结合了起来。

建立和完善保护历史建筑的法律体系。对此，许多国外的立法经验值得我们借鉴，如法国巴黎旧城区基本保存了原有的布局和历史风貌；维也纳坚决不允许在多瑙河以北建高层建筑；美国法律明确规定文化遗产是"瑰宝之地"，对其严加保护等，因此，我们可借鉴国外的立法经验，因城制宜，制定出保护城市历史建筑的相关法律法规并严格执行，对随意破坏历史建筑的行为予以法律制裁。

加强历史建筑保护宣传教育，增强人们保护历史建筑的意识。事实证明，在经济发展迅速的时代，恰恰也是文化遗产历史遗迹容易遭到破坏的时代，因此，要充分认识历史建筑的价值，自觉保护、维护历史建筑，发挥好历史建筑的作用，从而把保护历史建筑与城市的现代化建设有机结合，这样才能促进城市的可持续发展。

五　结　语

历史建筑是城市发展的见证，是城市文化的积淀，是城市特色的体现，是不可再生资源，一旦破坏，将造成无法挽回的损失，在现代化建设过程中，不应把保护历史建筑与城市建设完全对立起来，应在二者之间找到一个平衡点，实现二者的统一，促进城市健康和谐发展。

参考文献

[1] 袁广阔、钱益汇：《文化遗产保护与当代中国社会（第一卷）》，科学出版社，2014年，第44~51页。

[2] 李志霞：《城市建设与历史文化遗产保护》，《企业研究》2011年第2期。

[3] 李晓东：《文物学》，学苑出版社，2005年，第270~274页。

[4] 王蕙贞：《文物保护学》，文物出版社，2009年，第350~389页。

[5] 曹玉琴：《浅谈城市历史文化遗产的保护》，《城市规划》2009年第5期。

[6] 徐君华：《试论城市的现代化与历史文化遗产的保护》，《山西建筑》2008年第11期。

[7] 崔峰：《城市历史文化遗产保护研究——以南京市为例》，《城市问题》2008年第2期。

[8] 李晓东：《文物保护法概论》，学苑出版社，2002年，第144~174页。

[9] ［日］日下公人著，范作申译：《新文化产业论》，东方出版社，1989年。

[10] 郭学东：《蚌埠城市史话》，黄山书社，2015年。

蚌埠近现代史研究

花鼓灯艺术的兴盛与流变

郭学东（安徽省文史研究馆）

淮河岸边的花鼓灯，从清末民初到新中国时期，历经几次兴盛，其艺术风格不断流变。特别是20世纪80年代以来，传统的农耕社会已经向工业化、信息化社会转型，原生态的花鼓灯艺术已经失去了它存在的社会环境。新中国初期花鼓灯表演改变男性反串"兰花"之后，近些年又出现女性反串"鼓架子"和"伞把子"的逆向流变，为当前保护传承这项民间艺术带来新难题。本文意在通过探讨花鼓灯艺术在历史上兴盛的社会背景，不断成熟完善的艺术风格，表演程式，及其人文精神的内核，理性认识花鼓灯艺术的历史价值，温故而知新，为当前切实有效的传承保护措施提供有益借鉴。

花鼓灯流派的形成

淮河两岸的花鼓灯具有丰厚的历史文化底蕴，"它大体起于宋代，发展于明代，成熟于清代中叶，晚清及民国年间则出现新的高潮。"[1]淮河中游北岸，平原旷野，水陆四通八达。颍水和涡水两大支流，连接中原。北宋京都开封，是各地民间艺术的荟萃之地。每逢喜庆节日，歌舞百戏，鳞鳞相切，乐声嘈杂十余里。被当时称为"合生"的民间艺术，流传到淮河两岸。经历明清两代发展，到清末民初终于形成了以颍上、凤台、怀远为代表的花鼓灯三大流派。

颍水汇入淮水的鲁口、杨湖、王岗乡村，是较早传入花鼓灯的地方，当时称为"红灯"。清末民初颍上玩灯艺人唐佩金，吸收了当地的民间歌舞，采用弦乐伴奏，开始叫"弦子灯"，1932年正式称"花鼓灯"。这时的花鼓灯，历经明清两代以及民国时期的传承发展，它在道具、内容、服装的变革，基本形成较为成熟的艺术风格。唐佩金用自己精湛的花鼓灯技艺感染并培养许多弟子，20世纪60年代颍上各县乡镇都有花鼓灯班子，他本人在颍上拥有了"颍上花鼓灯艺术宗师"的称号。唐佩金的关门弟子王传仙，当年扮演的兰花，以扮相俊俏，嗓音甜美，舞姿生动闻名，吸引了许多灯迷。进入花鼓灯班子学艺，同时，被邀往寿县、凤台传授花鼓灯艺术，对沿淮花鼓灯流传产生了深远的作用[2]。

颍上鲁口下游的凤台县，早在清末也成为花鼓灯流行的地区。这里几乎庄庄有锣鼓，村村有灯班。每年春节或逢庙会，茅仙洞、四顶山、赵家孤堆等地便是花鼓灯灯班聚会"抵灯"的好地方。各灯班敲着锣鼓，举着岔伞、彩旗，"鼓架子"肩扛"兰花"，边走边唱，涌向会场，以精湛的演技，华丽的服饰吸引观众。

所谓"抵灯",是乡村的大户人家,争相邀请花鼓灯班子,以谁家的灯班子吸引观众多少而定输赢。1933年的春天,凤台县城向北较偏的尚塘集,孙老八家与樊浩云两家的"抵灯",居然引发了一场轰动淮河两岸的花鼓灯大型集会。孙家请的灯头潘金德,艺名叫"潘金莲";樊家邀请的灯头宋庭香,诨名"宋瞎子",闻名四乡八带。两个灯班子汇聚村头,在相距不到50米的地方扎下场子。锣鼓一响,十里八村的人都赶来观看。两天双方没见输赢。孙樊两家和灯头都很急。当晚,孙家立刻派人骑马到怀远县去"搬兵",而樊家得知情报,也立马派人到颍上县去请人。

淮河两岸,从颍上到怀远这一线,顿时热闹起来。各路人马接到请帖,星夜兼程,赶到凤台尚塘集,一夜之间,竟汇集了40个灯班子,400多位各县灯友,几十里外的人们都纷纷赶来看灯,真是人山人海。

"抵灯"集会过了三天三夜,锣鼓打得天昏地暗,玩友们个个绝招频闪,结果还是未分胜负。第四天,双方灯班的玩友人困马乏,观众也难以支撑。大家正觉不好收场之际,樊家请的灯头宋庭香,突然使出一个绝招:他带了一班玩友,顶着"两节杠"、"三节杠",故意跑到孙家灯场子前面,绕场一周,大声呼喊"宋庭香这边灯班子又来人了!请来了'赛貂蝉'、'白菊花'、'草上飞'!"他们这一喊,观众顿时跑到这边灯场了,孙家请的"潘金莲"虽然不甘罢休,但观众呼啦一声快跑光了,只好罢场收灯。

真的不可以胜负论英雄。从花鼓灯表演来看,双方各展其能,都发挥得淋漓尽致。这是当年淮上花鼓灯达到的前所未有的盛况,它好像在千里长淮掀起的巨澜,把花鼓灯这朵民间艺术的奇葩,沿着滚滚的淮水,从颍、凤、怀三县,又波及下游的凤阳、五河、定远等地。

凤台县陈敬之,在这次抵灯中显露头角。他的家乡也是个灯窝子,从小耳濡目染,就跳起了花鼓灯。这位淮北大汉,扮起"小兰花",如春风摆柳,摇曳多姿。唱起灯歌,悦耳撩人,赢得个"小蜜蜂"艺名。他跟着著名的老艺人宋庭香一起玩灯,红透了凤台县淮河两岸。

出道后的陈敬之,很快形成了自己的舞蹈风格。大花场中,他走起大颤步,平足步,行如一条线,疾如一阵风;高挑的身材,轻盈而灵动,就像淮水绕过八公山的弯道那样,他的身姿也展现着柔美的S弯,大有楚腰吴风之韵。乡里人说得朴实:"看他玩得就跟油线扯得一样!"于是,陈敬之"一条线"的艺名不胫而走。当年凤台著名花鼓灯艺人田振起、宋庭香、李兆叶、詹乐亭、朱冠香等人的表演,孕育了凤台流派的风格,而陈敬芝的表演风格堪称代表。

"淮河九曲十八弯,一道流水一道滩"。淮水东流过凤台,转向东北。花鼓灯歌唱到了涡淮交汇口的怀远。"西山没有东山高,龟山头紧靠蚂蚁腰;涡河淮河两来水,马头城对着天河梢"。西山是因楚人东进淮上而得名的"荆山",这东山可大有名头,是大禹导淮会诸侯的涂山。马头城在淮水东岸,是汉代留下的古城遗址,西岸则是洪水涨落的大河湾。"淹了大河湾,单被改成裤子穿;收了大河湾,花狗也要做条裤子穿。"千百年来,在与洪水搏斗中塑造起来的怀远人,豪放而豁达,诙谐而幽默,灯歌唱得更脆当。

从清末到民国初期,怀远已是"千班锣鼓百班灯"。淮河两岸,涡水南北,涂山脚下,天河之畔,遍布各地的"灯窝子",已经涌现了一大批名角。"鼓架子"傅金云,号称"小金子","大银子"石万美,擅演"兰花"。"兰花"戏鼓,又有"金鼓银锣"美誉。大河湾里柳沟乡郑家岗,出了个郑九如,他舞姿潇洒大方,优美传情,因为曾穿着服孝的白鞋上场,得名"小白鞋",为他扮的"兰花"平添了几分俏丽,成为怀远花鼓灯流派代表重要的人物。"小金莲"冯国佩,生长在马头城天河边的冯嘴村。他扮的"小兰花",温柔中露出风流,腼腆时藏着幽默,舞蹈动作潇洒、大方、灵活、流畅。涡河南岸的莲花村的"鼓架子"石经礼,动作刚劲有力,灵巧传神,因身猴似形,艺名"石猴子"。年轻时他曾到淮河东岸,寻访"小金莲"冯国佩,两人比试了一番功夫,结下"鼓架子"与"兰花"之缘。新中国成立后,他们俩上北京演出的《抢手巾》,迷倒了多少首都观众!

"小金莲"与"石猴子"这对"兰花"与"鼓架子",他们身上的泥土芳香,代表着南北兼容的怀远山水,刚柔相济的风土人性。涡河、泒河在县城西北,还出了"鼓架子"侯中成、鉏洪云、赵东国、赵怀珠、朱克友,他们都像石金礼那样,架子功刚劲豪爽、洒洒大方,功底扎实。有的大架子身强力壮,上盘功"叠罗汉"最多可顶六七个人;"小鼓架子"翻起跟头,矫健刚劲,让你真得分不清是玩灯还是武术杂技表演。县西南部万福一带的"小红鞋"杨在先、"一汪水"陈永兰,扮起"小兰花"形象逼真,含蓄细腻、妩媚动人。常坟镇的文伞把子的唱起灯歌,随风采柳,出口成章;咏物言情,以情动人;说古道今,又有满腹经纶,滔滔不绝。

农耕时代的活化石

"花鼓灯年年有,就数今年玩的丑"。这是玩灯人风趣的自嘲,也是坦诚地表白,他们自己玩得就是乡村里俗不可耐、土得掉渣的东西。那些手舞足蹈的动作,都来自不登大雅之堂的生活琐事、生产劳动、男女调情、闲暇娱乐,以及对动植物形态的模仿,这正是遵循了我国古代万物取象的做法,创造着富有生命力的舞蹈艺术。

大花场集体舞,为了以强烈的视觉效果,吸引观众,继承了宋代"乘肩小女"的技艺,吸收杂技中的动作,让"兰花"站立"鼓架子"肩上,俗称"两节杠"。"兰花"出场,一手执扇,一手捏着手巾,由"伞把子"领头登场。"兰花"与"伞把子"交叉而行,源于乡村别篱笆的做法,生动活泼的队形就叫"别篱笆"。"兰花"们一手托举扇子,另一手摆着手巾,出胯拧腰,婀娜多姿,又是取自杨柳在春风中的动态,是著名的舞姿"风摆柳"。"小鼓架子"则上场就翻着跟头,那是一种生龙活虎的气魄。有时还头朝下竖起双脚,用双手行走,来个"蝎子倒爬墙"。

舞蹈表演高潮时,"大鼓架子"用上盘鼓中的各种舞姿,托举"兰花"造型。模仿公鸡在冰地雪地站立的动作,单腿站在"鼓架子"弓步的大腿上,称"金鸡独立";双腿跪在"鼓架子"弓步的大腿上,又称为"喜鹊登枝"。"兰花"与"伞把子"相对,各人以头对裆,滚翻跟头,称为"二鬼扳跤";"兰花"双腿夹在"伞把子"肩上,前面的双脚又夹着一个"兰花",三人一起旋转,称之"老鹰叼小鸡"。又从许多朵梅花在一根枝头绽开生发联想,由几个"鼓架子"托起"兰花",集体旋转,手中舞扇飘动,为"七朵梅花",常常是高潮时刻的压轴之作。

在乡村里的月光下,蜗牛白天觅食后,这时回望月亮休息的优美姿态,成了"伞把子"的一个上场式——"犀牛望月"。把方向对着锣鼓班子,示意把锣鼓敲起来,又称"要锣"。

沿淮多有湖洼滩地。乡下人常说"宁走十里干,不走一里滩"。对玩灯人来说,在烂泥里行走的步伐,却被模仿成"拔泥步";走在乡村或农田,上下坡的动作,被模仿为"蹬山步";根据人们收割稻麦时不时擦汗动作,演绎成为手舞足蹈"割麦步";根据农夫挑担,颤悠悠的姿势,创造出"鼓架子"的"扁担步"。

"兰花"模拟乡村生活的动作,更是丰富多彩。除了常用的"风摆柳",更多则是来自女性的生活。用扇子侧身舞动的"簸簸箕",取自妇女簸米;小脚女人手端针线匾走路的身姿,变成兰花扭动最漂亮的"端秤匾";与这个动作相似的还有"提篮式";双手捏拢分别向两面对拉,眼神左顾右盼,伴有暗送秋波的舞姿,原是根据妇女纺棉车纺线的动作提炼而来,名称"双扯线"。由于男人反串女兰花,他们常常要细心观察揣摩女人的举动,有的老艺人回忆过去,还提到自己曾因跟踪女人而被误为流氓的遭遇。

夏天农民在烈日下劳动,常以手掌和扇子遮太阳的动作,演变成了"兰花"与"伞把子"各式各样的"搭凉棚",随着眼神头部有节奏的晃动,花样翻新,舞姿好像"凤凰三点头"。农夫赶牛犁田,因为牛不听话,于是左手扶犁把,右手从胸前抓过鞭杆,上前一步,抽上一鞭,就是"甩鞭式"的舞姿。用手独立上托的"霸王举鼎",源于农闲时青年人为了比力气,到村口的比赛举石锁的动作;而右手向上掼拳，左手置于腰间，双腿成弓步的"打虎式"，完全借用了武术动作。

在下盘鼓中，鼓架子的舞姿颇有风趣。他在地面上模仿鲤鱼挺身而起，叫"鲤鱼打挺"；趴在地上学青蛙跳起有"蛤蟆跳"；"兰花"以手巾为诱饵，戏弄鼓架子时，又有的"吊蛤蟆"双人舞动作，充满着戏剧性。专门模仿驴屙屎，屎球，在"兰花"的赶动下，不停滚动。舞姿很有趣，而名称就叫"滚驴屎球子"，确实俗不可耐。

表现男女爱情是花鼓灯舞蹈的重要主题。但封建社会未婚男女青年不能有肌肤之交，于是，通过扇子落地，双人争抢的"抢扇子"，或是"兰花"将手巾甩在背，鼓架子拉住另一端的"背手巾"这类细节，辅以眼神传递，用以表达传递爱情的舞蹈动作。最有意思的是，"鼓架子"为了调起"兰花"的情绪，突然伸手偷"兰花"绣鞋，而在大庭广众之下，那绣鞋是不容男人触摸的。"兰花"为之一惊，立刻把"鼓架子"伸出的手打回去，却又以含情脉脉的神态，掩饰着内心的惊喜。既完成了这组双人舞的造型，又充分体现了中国传统舞蹈的叙事与表意功能。

粗略统计，花鼓灯舞蹈大约包含400多个语汇、50多种基本步伐，构成着自己舞蹈体系。它流传在淮河中游的颍上、凤台、怀远等地区，因各地不同人文历史环境差异，也表现出不同风格流派。但总体有着相对一致的舞蹈动作范式。

灯歌入戏伴舞蹈

花鼓灯发展成熟的清代，正是我国戏剧的转型期。昆曲和传奇开始衰落，迫使戏曲艺术不断进行变革，使戏剧舞台得到兴旺，争放异彩。戏剧民间化和通俗化潮流，孕育了地方戏曲艺术。有些地方的歌舞艺术，为了便于表现这种复杂的生活内容，开始逐渐向戏曲转化发展。民众需要一种能够容纳更多思想内容，更直接地表达自己愿望的艺术形式。单纯的歌舞难于担当这个时代的使命，只能以言为心声的说唱艺术，在民间歌舞的基础上，增加灯歌内容，向歌舞小戏演变，被称之为花鼓灯的"后场戏"。

花鼓灯歌唱词，也由完全的随风采柳，即兴演唱。"小花场"和"后场"渐渐形成相对稳定的灯歌唱词，被后来称为"折子戏"的原型。由于剧中有贯穿始终的两个人物，完整的情节故事，其中包括着较单纯的矛盾冲突，剧情也有承起转合的程式，早在清末民初，就被被淮北地区的泗洲戏、花鼓戏、淮剧等地方戏吸取，有的玩灯人还串到戏曲的行当，被当时乡村里称为"灯变子"。

开场锣鼓响起，"伞把子"手举花伞起舞上场，唱起灯歌《拜四方》《表家乡》。同戏剧舞台上场自报家门如出一辙。在狂欢表演的大花场进入"小花场"之间，特意安排的"转场"，由"鼓架子"逐个请"兰花"上场，以说唱形式，对"兰花"或夸赞，或揶揄，类似舞台剧的幕间道白。接下来"请楼"（"伞把子"请"兰花"下楼）、两人问答对唱，"兰花"对"鼓架子"百般刁难，不肯下楼，直到"鼓架子"回答的让"兰花"满意，才答应"鼓架子"的请求，然后"下楼"。

"小花场"，是花鼓灯舞蹈部分的精华，同时又有散唱和对唱，打破了唐代以前古典舞蹈"歌者不舞，舞者不歌"的定规，开创了载歌载舞、集歌、舞、戏于一体的艺术风格。有些"小花场"，由于灯歌演唱内容和分量越来越重，舞蹈已经变成陪衬。

在灯歌演唱中，按角色或场次已具备了相对固定的曲调。根据凤台、怀远、蚌埠等地收搜整理的1000多首灯歌分析，花鼓灯曲调已有"伞把调""鼓架调""兰花调""对歌调""凤台调"。又有类似曲牌之类的歌调，包括："伞岔歌"、"奉承歌"、"请楼歌"、"情歌"（分散唱与对唱）、"劝诫歌"、"转场歌"、"收场歌"等。

由于我国戏曲在五四的新文化运动中，经历了由"旧戏"向"新戏"、"封建戏"向"文明戏"的转折。这个变化势必影响着花鼓灯歌的创作与演出。

"伞把子"灯歌，受到西方传的活报剧影响，除了自报家门外，这时已经有了对时事评说："革命党人孙中山，一心想把大清推翻。推倒清朝撵宣统，人剃辫子马打鬃，眼看革命要成功。占汉口、夺武昌，扒庙宇、盖学堂，洋学生聚成国民党。东三省死了张作霖，出了个少帅张学良；东北三省血战争，中国闹得个乱纷纷……"抗战胜利，日军在蚌埠投降时，怀远文伞把子汲新河，面对放下武器的日军的狼狈相，扬眉吐气地唱道："鼓不打，锣不敲，日本鬼子投降有多孬，大鬼子也不骑高头马，小鬼子也不胯东洋刀，背子水壶和饭包，一人扛着一把锹，二马路上把阴沟掏。[3]"也许就是这个原因，在新中国成立后的治淮工地上，许多花鼓灯艺人，都纷纷在治淮运动中用花鼓灯歌演唱方式，为广大劳动群众鼓舞士气。怀远艺人冯国佩在蚌埠治淮工地，用花鼓灯歌唱治淮、挑应战，使花鼓灯这个民间的艺术奇葩，立即受国家舞蹈界专家的重视，并被邀请到北京参加演出，对花鼓灯在新中国的发展产生了重大推动作用。

传统的花鼓灯歌在"小花场"的基础上，逐渐形成了自己的剧目，在塑造人物，表现矛盾冲突等方面，具有戏曲文学的要素。同时，它从以往纯粹的自娱调情，开始增强了戏剧的教化功能。由于灯歌内容不断丰富性，思想性得到增强，变成了一出精彩的折子戏。"小花场"形成的传统剧目《小圆房》，两人以对唱方式，把圆房成婚的喜庆，变成童养媳对自己悲惨命运的控诉，用生动的细节，描绘出了心狠的婆婆，善良的邻居，无奈的丈夫。舞蹈仅作为对唱中间调整情绪的陪衬作用。最为经典的《王小楼卖线》，不知经过多少演出，灯歌唱词早已变为成熟的剧本。从一个勤劳的妻子在家纺线，丈夫将卖线钱赌博输光，回家路上，在口袋里装沙米骗妻子，竟然试妻是否守住贞节。当他的骗局揭穿后，以装死让妻子哭诉，企图博得同情。妻子以假作真，痛哭诉尽心中委屈，使这个悲剧达到了高潮。矛盾冲突尖锐，悬念层层叠叠，情节环环相扣，在悲愤中又有几分闹剧的味道，它由原有灯歌中的"劝诫赌歌"变成了这样一出戏来，赢得了观众的喜爱。

花鼓灯的传承与流变

纵览清末民初到当代的历史，花鼓灯艺术在不同的社会背景下，曾出现了四次兴盛的高潮。一是清末的成熟期。大体在十九世纪六十年代后到二十世纪清末期间。清王朝镇压太平天国和捻军起义后，曾出现短暂的社会安宁，而各种社会矛盾却日益尖锐，这种社会环境既为花鼓灯发展提供了相对稳定的条件，又丰富的它的表演内容。歌咏其声，舞动其容。由灯歌渐成"后场戏"，"鼓架子"从"挎鼓"到"弃鼓"徒手表演后，又出现了独立的"盘鼓"舞蹈形式[4]。二是民国初期的放足易服，更新了花鼓灯舞蹈形式，又以新思想新观念丰富了灯歌。在"淮河两岸千班鼓万班锣"的高潮中，形成了颍上、凤台、怀远三个艺术流派。三是新中国时期走上舞台后，在表演形式和内容两个方面都出现重大创新发展。在传承的基础上，以《摸花轿》为代表的舞台剧及影视方面都取得新成就。四是改革开放时期，花鼓灯艺术作为非物质文化遗产，得到保护重视。通过举办全省花鼓灯艺术节会形式，起到了影响重大的倡导效应。艺术传承人受到政府保护。民间或官方支持的花鼓灯艺术团体、专业学校，开始出现。一批批青年人接受着正规的舞蹈专业训练，培养了艺术新人。花鼓灯表演走向全国并且到国外演出，影响空前提高。同时，融入全民健身的广场舞，广大中老年妇女，在专业人员指导下，用花鼓灯基本舞蹈动作为演练健身，参加群众性文艺活动。

女扮兰花，趋雅避俗登舞台。新中国成立后，1953年花鼓灯第一次在北京表演，当时"兰花"还是由男性反串扮演。当年4月，在中央新闻电影制片厂拍摄花鼓灯电影时，由于那时"兰花"演员已经去掉"踩衬子"道具，不再模仿封建社会的小脚女的步法。经过现代舞蹈专家的建议，第一次让女演员扮"兰花"，出现了男女同台演出。

这是对传统花鼓灯艺术的重大突破，它不仅仅是艺术风格变化，而且改变了它的传承基因。从此，这种植根于乡村中花鼓灯艺术，在西方现代舞蹈和舞台艺术的影响下，走上了趋雅避俗的发展路子，成为今天人们在节庆活动和舞台上欣赏到的花鼓灯舞蹈。

重舞轻歌，走上了喜庆娱乐化路子。由于新中国以来，广大民众文化素质普遍得到提高，普通话从儿童时期就开始得到训练推广。以地方方言载体的灯歌，在一代代年轻人认可度日益下降。用传统歌灯表达情感的方式受到阻隔。各种新闻传媒和影视娱乐普及，早已替代了用歌灯演唱倾诉表现人们意愿的方式。文人介入花鼓灯剧目文本创作，抵消了文伞把子即兴演唱。再加上众多的妇女参与花鼓灯表演，反串"伞把子"，仅起到领舞作用。原本集舞、歌、戏、乐一体的传统花鼓灯，正在变成单一的民间舞蹈。

注释

[1] 孙友虎：《沿淮花鼓灯的历史承接及起源》，中共凤台县委宣传部编：《东方芭蕾·凤台花鼓灯》，安徽文艺出版社，2006 年。

[2] 李春荣主编：《中国花鼓灯》，安徽教育出版社，2014 年。

[3] 葛士静：《怀远花鼓灯》，新华出版社，1998 年。

[4] 高倩：《安徽花鼓灯》，人民音乐出版社，1985 年。

[5] 沈从文：《扇子史话》，《古人的文化》，中华书局，2013 年。

小南山残碑考与长城抗战

陈又丁（蚌埠市总工会）

蚌埠蚌山又称小南山，是蚌埠市区中心一处闹中取静的公园。在小南山老电视台附近，弃置着尺寸巨大的赑屃和残碑，碑上的铭文已被凿去，碑身和碑座被凿裂为数块，散布在行道两侧（图一）。一个周末，笔者路过残碑，感觉此碑的形制、尺寸和雕工，无论是哪个朝代的遗存，都应该是某种国家意志的体现。怀着对城市历史的一份关注之情，笔者尝试着开启一段发现之旅，而探索求证的结果也令人深感震撼……

图一　凿碎的赑屃碑座

小南山残碑谜团重重

小南山的残碑从外形上看，俗称为龟驮碑。驮碑的动物名叫赑屃，传说为龙生九子之一。自元明以来，人们将记载重大事件或者某人功德石碑的基座雕成赑屃的形象。如今，在一些寺庙宫观、古迹胜地都可见到，蚌埠龙子湖畔的东瓯王汤和墓就有明初遗留的赑屃驮碑（神道碑）。小南山这只赑屃虽然头和身体裂为四块，但是纹饰精美、刀工流畅、尺寸巨大、汉白玉材质，非一般民间所用之物。此块残碑，过去也多次曾被市民谈论过，有说是明代的，有说是清代的，还有人说是日寇占据蚌埠时在山上建神社的遗存等，诸多说法，莫衷一是。

笔者测量，赑屃驮碑如复原后总高约在5.3米(其中赑屃高1.1米，碑身高4.2米)，碑身宽约1.2米，厚0.5米。经查阅资料比对，坐落于河北涞水的康熙皇帝十三子怡贤亲王胤祥陵的神道碑在尺寸、形制和雕工纹饰上与这座赑屃驮碑极为近似，可以确定此种形制的赑屃驮碑应为清代皇家陵墓所用的神道碑。而蚌埠直到清末时期还只是凤阳与怀远边界的一个小集市，似不应有清朝的王室成员葬于此地。

一句碑文释出抗战内容

仔细端详碑身，碑文虽然大多被凿，几乎无法辨认（图二），但有少量文字的偏旁部首尚在，大致可推测出碑文的内容与记述战争、纪念阵亡者有关。有一处凿痕较浅的地方经仔细推敲尚能连成短句，原文应为"武器装备质不如敌但人怀赴死之心以血肉之躯与□军飞机重战车搏击"，令人疑惑的是，飞机、重战车不可能在清代战争中所能出现的，而回顾中国近百年以来的战争史，与装备着飞机和重战车的敌人作战，这只敌军是哪支军队？最大的可能就是日军。清代的皇陵神道碑上记录着抗日战

图二　碑身主体

争的内容，这显然不可以用当下流行的"穿越剧"来解释，其中必定存在着一段与蚌埠密切相关的但被岁月湮没的历史……

依稀可辨"徐军长庭"

笔者用相机将碑身拍照后，在电脑上对图片进行局部放大，发现了一处重要线索。在一行行凿痕中，依稀辨认出了"徐军长庭"四字，经查阅史料，在蚌埠的民国时期驻军史上，确曾有过一位徐军长。徐庭瑶（1892~1974年），字月祥，安徽无为人。1916年保定军校三期毕业，初在倪嗣冲的安武军中任过见习排长，后投入粤军任连长、营长，参加过北伐。1932年夏，时任第四师师长的徐庭瑶驻防蚌埠，同年该师参加了"围剿"鄂豫皖苏区的战斗，与红二十五军旷继勋部先后激战于正阳关、霍邱一线，致红军伤亡惨重。1933年初，由第四师和第四师独立旅扩编的二十五师合编为第十七军，徐庭瑶任军长，兼任蚌埠警备司令，军部和下辖的二十五师师部当时均设于蚌埠。长城抗战爆发，日军侵略山海关、九门口等长城要隘之后，分兵三路进攻热河。全国民众抗日激情高涨，徐庭瑶也深受感染，联络十七军高级将领联名致电国民党中央，请缨北上抗日。蒋介石答应了徐的请求，十七军军部和所属二十五师自蚌埠出发，奔赴长城抗战的主战场——古北口，与日寇展开了一场血战。

古北口浴血抗击日寇

古北口自古是兵家必争之地，有长城天堑之称，被古人称为京师锁钥，这里的长城始建于北齐，后于明代洪武初年被加固扩建。1933年3月，中日军队在古北口长城沿线爆发激战，历时2个多月，史称长城抗战古北口战役（图三）。十七军军长徐庭瑶被委以重任，下辖三个整编师，分别是关麟征第二十五师，黄杰第二师和刘戡第八十三师（后续增援部队）。此次战役战况空前惨烈，日军出动了飞机、重炮和装甲车，对中国军队阵地进行轮番冲击和疯狂轰炸。中日

两军在长城一线展开反复曲折的攻守拉锯战，阵地防御战和白刃肉搏战，阵地失而复得，反复易手。整个古北口战役期间，侵华日军被击毙阵亡者达数千人之多，虽然攻下了古北口，但一向骄横的日军都不得不称古北口之战为"激战中之激战"。

此战第十七军损失惨重，伤亡官兵一万余人，在中国抗日战争史上留下了光辉壮烈的一页。徐庭瑶率部参加长城抗战，目睹中国士兵奋不顾身，依旧被日军的先进装备打得大败。长城抗战结束后，徐庭瑶赴欧洲考察西方军队建设情况，回国后撰写了《机械化装备论》一书，上书蒋介石要求建立机械化装甲部队，后曾担任抗战初期国民政府唯一的机械化军第五军军长、机械化学校教育长等职，在国民党军队中有"装甲兵之父"之称，1974年病逝于台北。当年参加古北口抗战的，还有徐庭瑶的部下关麟征、黄杰、杜聿明、郑洞国、戴安澜、覃异之等人。他们通过这场惨烈的战役总结了经验教训，后来都成为著名的抗日将领。

战场地名锁定碑志

联系起这段历史，小南山残碑记述的内容是否与古北口战役有关？笔者不敢懈怠，在残碑上一行行的仔细寻找依稀可辨的字迹，在凿痕较浅之处发现了"新开岭""界牌峪""笔架山"等地名。经查阅地图和战史资料，这些地名都在古北口附近10

图三　防守古北口南天门的17军士兵（资料图片）

公里范围内，且这些地点都是十七军与日军发生过战斗的战场。由此可见，这尊赑屃驮碑确实与古北口战役密不可分。明确了方向，笔者对碑体最右侧的一行凿痕仔细观察，从偏旁部首推测，此块碑志的名称应为"陆军第十七军华北抗日阵亡烈士公墓碑志"。经过反复辨认和揣摩，结合长城抗战史料，大致可以分析出，碑文首先介绍了长城抗战的历史背景和起因，记述了徐庭瑶率十七军从安徽迅速开拔到前线，由于战场条件恶劣、缺乏遮蔽，部队在日军的重火力轰击下伤亡巨大，但官兵士气高昂、同仇敌忾、作战英勇，其中二十五师师长关麟征负伤、一四九团团长王润波殉国；碑文的中间几行出现了多处当时曾发生战斗的战场地名，记录了整个战役的发展经过，突出描述了十七军虽武器装备不如敌人，但官兵置生死于度外以血肉之躯奋勇凛然的杀敌精神；碑文的最后几行凿痕尤深，几乎无法辨识，但从残存的几处字迹能推测出是表达对抗日阵亡将士牺牲精神的讴歌和对烈士的缅怀。

碑志撰写者一般会在碑志的第二行留名，此处模糊可辨"兴义何□□撰"，查阅资料分析，此人应为时任国民政府军政部长、军事委员会北平分会代委员长何应钦，何应钦系贵州省兴义人，徐庭瑶第17军在参加长城抗战期间由何指挥调遣。何应钦作为当时国民党军界仅次于蒋介石的第二号人物，为17军撰写碑志，且在自己名字前不写职务只留籍贯，可以看出他对阵亡烈士的敬重和比较低调的姿态；何应钦撰写碑志，也反映出该碑的规格很高，当时系以国民政府名义所立。

千里运送烈士遗骸

当年的抗日战场距离蚌埠千里之外，而烈士公墓碑志为何出现在蚌埠小南山？古北口长城抗战结束后，在古北口东南两关，大街小巷尸横遍野，山谷田野到处都有阵亡将士的遗体。在当地令公庙道士王乐如的带领下，古北口的群众对烈士们的尸体进行了掩埋。1934年清明节，王道士联合当地商会，前往国民政府军事委员会北平分会（以下简称北平

军分会）申请来捐款，在当地修建了古北口战役阵亡将士公墓。笔者在查阅这段资料时发现了一个重要线索，根据北平军分会的要求，王道士带领当地群众把第十七军二十五师的500具烈士遗骸挖掘出来交北平军分会，由国民政府起运至安徽蚌埠立墓另葬。至于立墓的具体地点，资料没有记载。

国民政府当年为何要将500具已在战场附近埋葬的十七军二十五师烈士遗骸挖掘后送到蚌埠重新安葬？结合史料分析，十七军于1933年初在蚌埠成军，其下辖的第二十五师也是同期在蚌埠由原第四师独立旅扩编为师的。一个旅扩编为师，部队规模扩大，该师开拔之前应从蚌埠及附近地区征募了部分皖籍新兵。古北口一战，作为十七军首批投入战斗的部队，二十五师遭受了巨大损失。由于战事紧张，训练不足，士兵只装备步枪和少量机枪即仓促上阵，仅激战三昼夜，伤亡就达4000人。按照当时的征募兵源推测，二十五师阵亡的烈士中应有不少皖籍士兵，战役结束后，徐庭瑶作为第十七军军长兼蚌埠警备司令，报请国民政府起运阵亡烈士遗骸归葬家乡，让牺牲的士兵魂归故里，应在情理之中。在徐庭瑶个人传记中对修墓也有记述，虽未说明墓址所在，但提及抗日阵亡烈士公墓建成时，蒋介石率何应钦等国府政要亲临致祭。

嘉德拍品再添力证

查阅资料过程中，笔者检索到中国嘉德拍卖公司在2008年12月14日举办的一场中国书画专场拍卖中，上拍了一幅时任第十七军二师师长黄杰于1934年4月所作的第十七军抗日英勇史实碑铭书法立轴，这幅立轴题为《陆军第十七军抗日阵亡将士公墓碑铭并序》，记载了建造公墓的原因和准确地点，序言部分"倭人入寇东省复思南侵，经我军猛烈抵御始不得逞，而我十七军将士死绥者甚众，塘沽协定休战，军长徐公月祥咸焉伤之，于蚌埠蚌山之阳，为营公墓以妥英灵，立碑以彰忠烈……"（图四）。小南山又名蚌山，山之南为阳，蚌埠蚌山之阳，指的是小南山南坡，残碑现在所处的位置老电视台门

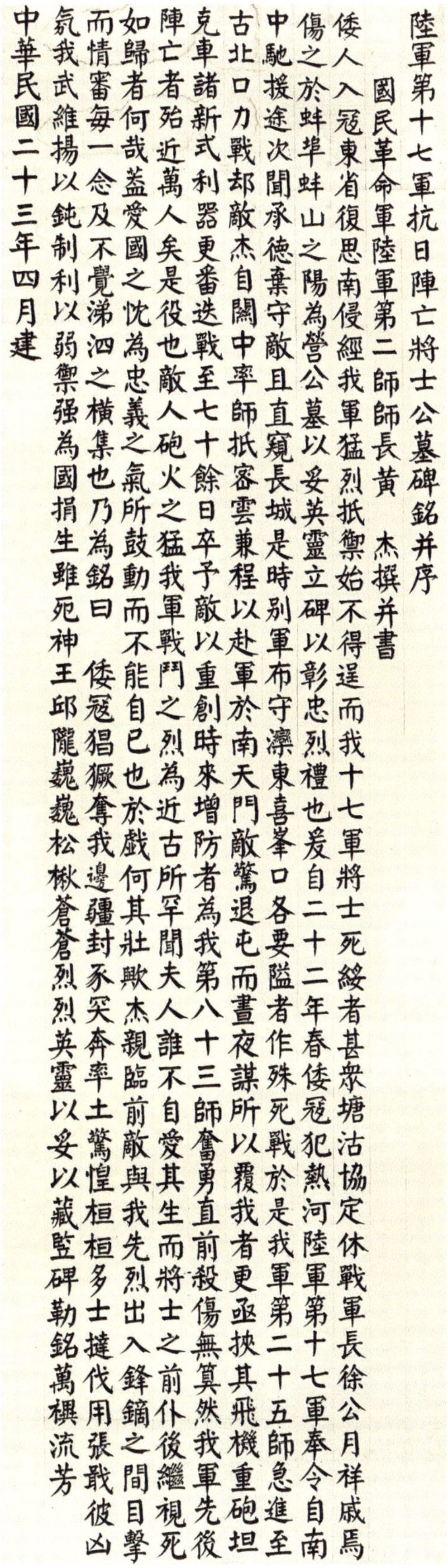
陸軍第十七軍抗日陣亡將士公墓碑銘并序
國民革命軍陸軍第二師師長黃　杰撰并書
倭人入寇東省復思南侵經我軍猛烈抵禦始不得逞而我十七軍將士死綏者甚衆塘沽協定休戰軍長徐公月祥感焉傷之於蚌埠蚌山之陽為營公墓以妥英靈立碑以彰忠烈禮也爰自二十二年春倭寇犯熱河陸軍第十七軍奉令自南中馳援途次聞承德棄守敵且直窺長城是時別軍布守灤東喜峯口各要隘者作殊死戰於是我軍第二十五師急進至古北口力戰卻敵杰自關中率師抵密雲兼程以赴軍於南天門敵驚退屯而晝夜謀所以覆我者更亟挾其飛機重砲坦克車諸新式利器更番迭戰至七十餘日卒予敵以重創時來增防者為我第八十三師奮勇直前殺傷無算然我軍先後陣亡者殆近萬人矣是役也敵人砲火之猛我軍戰鬥之烈為近古所罕聞夫人誰不自愛其生而將士之前仆後繼視死如歸者何哉蓋愛國之忱為忠義之氣所鼓動而不能自已也於戲何其壯歟杰親臨前敵與我先烈出入鋒鏑之間目擊而情審每一念及不覺涕泗之横集也乃為銘曰　倭寇猖獗奪我邊疆封豕突奔率土驚惶桓桓多士撻伐用張戢彼凶氛我武維揚以鈍制利以弱禦强為國捐生雖死神王邱隴巍巍松楸蒼蒼烈烈英靈以妥以藏豎碑勒銘萬禩流芳
中華民國二十三年四月建

图四　时任第十七军第二师师长黄杰撰写的《陆军第十七军抗日阵亡将士公墓碑铭并序》

口也就是小南山的南坡，这幅书法立轴与赑屃驮碑的内容互为验证，第十七军抗日阵亡将士公墓位于小南山南坡已毫无疑问。

抗日阵亡烈士公墓缘何湮没

回顾蚌埠近百年的历史，如此重要的一段史实，如此重要的一处遗迹，为何却湮没在岁月中？笔者进行了走访，结合分析市志资料，试图探究其中原委。初步认为主要有以下几种原因：一是根据烈士遗骸从古北口起运蚌埠的时间和黄杰撰写碑志的时间，抗日阵亡将士公墓应建成于 1934 年清明之后，1938 年 2 月蚌埠沦陷，当时日军在小南山东侧修建神社，拆毁了马祥斌墓，不排除日军或汪伪政权汉奸在统治蚌埠时期对抗日阵亡将士公墓进行了破坏，赑屃驮碑上涉及抗日的碑文有可能于此时期内被凿去，但当时赑屃驮碑整体尚保存完整；二是古北口战场距蚌埠甚远，加上特定历史时期的政治因素等影响，抗日阵亡烈士公墓没有引起人们的关注；三是解放以后，小南山公园历经多次整修改造，赑屃驮碑在”“文革”初期又被红卫兵“破四旧”凿成了数块……综合以上种种因素，十七军抗日阵亡烈士公墓湮没于岁月中无人提及，有一定的历史客观原因。

抗日烈士纪念遗迹亟待保护

成军于蚌埠的十七军北上参加长城古北口抗战，又于战役结束后建抗日阵亡烈士公墓于蚌埠小南山，具有丰富的历史和文化底蕴值得挖掘、收集和整理。笔者了解到，目前我国关于十七军长城古北口抗战的纪念设施主要分布于三个地方。

第一处为当年战场古北口。此处墓地保存最为完好。古北口战役结束后，当地群众在古北口南关的西山根挖了一个大坑，把从战场上搜集到的部分烈士遗骨埋入坑中，形成直径 18 米，高 10 米的大坟，俗称“肉丘坟”。1934 年，国民政府军事委员会北平分会为纪念牺牲的抗日将士，在大坟前立“癸酉年古北口战役阵亡将士公墓"碑。"文革"时期该墓花墙被拆毁、墓碑被推倒，1993年，密云县对公墓进行了一次全面修复。1997年，时任全国政协副主席、民革中央副主席何鲁丽为长城抗战古北口战役纪念碑题写碑名。该墓为北京市市级文物保护单位和密云县爱国主义教育基地。2015年8月，经党中央、国务院批准，古北口战役阵亡将士公墓被列入第二批100处国家级抗战纪念设施、遗址名录。

第二处为曾经建于南京玄武湖公园梁洲的四方碑亭。四方碑亭又称徐庭瑶碑，准确名称为"陆军第十七军抗日阵亡将士纪念碑"。该碑亭建于1935年5月，碑身正面镌刻有徐庭瑶亲自手书的碑文，介绍了十七军长城抗战之惨烈，背面则镌刻着十七军在长城抗战中殉国的近百名营长以上军官的名单。"四方碑亭"一直到20世纪60年代还保存完好，接受游人凭吊。此碑亭于1965年"文革"初期被炸毁，遗迹荡然无存。2014年，南京市政府积极

响应部分政协委员和市民的呼吁，在四方碑亭旧址处重新设立了"陆军第十七军抗日阵亡将士纪念碑"旧址碑。

第三处就位于蚌埠小南山南坡。岁月变迁，第十七军抗日阵亡烈士公墓的遗迹现今只剩下了被凿成若干块的残碑，杂乱的堆放在路边和草丛中，布满碑身的斑驳凿痕伴随着风雨侵蚀，阻挡了人们与赑屃所承载的那段悲壮英勇历史的对话……

建议早日修复小南山第十七军抗日阵亡烈士公墓碑志。虽然残碑目前缺乏保护，但如拼接修复后尚能保持碑体基本完整。重修该碑不仅可强化小南山的爱国主义教育基地职能，对教育广大青少年铭记历史、勿忘国耻、砥砺前行、奋发有为将起到积极的作用，而且对进一步增进海峡两岸同胞互动交流、彰显蚌埠历史文化内涵，进而继续挖掘好、整理好、保护好蚌埠城市历史文化的抗战篇章，有着重要的现实意义和深远的历史意义。

研究清末蚌埠古渡乡集的重要文献

清代光绪《凤阳县志》关于蚌埠的记载

姚　狄（蚌埠市广播电视台总编室）

清代末期，蚌埠古渡渐成乡集。清同治二年（1863年），清军镇压太平军和捻军，使蚌埠集毁于战火，集市转向河北岸和小蚌埠。清末的小蚌埠以正街为中心，商贸达到鼎盛时期。那时的蚌埠乡集，只有渡口向南新建的几十间草房，自然形成一条土街，还有零散的几家茶棚和小饭店，四周是幽静的田园风光。

成书于清光绪二年（1876年）的《凤阳县志》，在时间上距离咸丰、同治两朝较为接近，对于津浦铁路开通之前的蚌埠地方史研究有着重要的史料价值。笔者仔细阅读了清光绪《凤阳县志》记载蚌埠的内容，对重要部分进行汇编整理。参照郭学东编著的《蚌埠城市史话》和《蚌埠掌故》相关章节，对其记述文字加以注释，供研究蚌埠城市历史提供翔实可靠的文献资料。

长淮卫

长淮集在其西北三十里，淮河南岸，旧名粉团洲。明初立关设大使把守津要，今为凤阳关口岸。向来河南货物由颍河、涡河□运至此，上岸路口至浦口发往苏杭，亦有苏杭釉缎杂货由浦口起，早过载行。

喂养店各十余家。近年淮水时溢，商旅径价，每站只给银二钱五分，骡马裹足，不来向之过万。培详增官价每站□银四钱，往程二钱，遇公事雇用空骡，不许强拉客。货之骡于是骡夫等户均乐从事，行市复开。（《凤阳县志》卷之三《舆地·城池》）

清代设立三县司管辖的蚌埠版图，是以龙子河西岸的马村沟为界，因此长淮卫仍在凤阳境内，20世纪50年代后划归蚌埠。

诸山皆小，而以蚌山尤甚

欧宁王汤和墓在焉山西，龙子河之所经也。又西北二里有雪花山，山北有回回居焉，故又名回回山。又西五里有蚌山，在蚌埠东南里许，诸山皆小，而蚌山尤甚。自此而南八里，有高峰相属者曰虎山，山阿净慧寺有古桐一株，盖百年物。又西南有神山，三峰皆高，南峰尤峻。南岳庙在其南两山之间，为大路通怀远县。山西化陂湖其交界也。县境西北之山尽于此矣。（《凤阳县志》卷之二《舆地·山川·一》）

蚌埠东郊曹山与雪花山之间流经的"龙子河"，即蚌埠今天的"龙子湖"。自东向西南虽有有近十座小山，但是以渡口南面的"蚌山尤甚"。可见津浦铁路通车前，蚌山已最有名气。

回回山与雪花山相连，因山北马村系回民居住地而称此山。崛起于淮河南岸的朱元璋，在建立明朝初定凤阳建中都城后，为恢复和开发淮河流域经济，组织了南自江浙，北自山西、山东的人口迁入凤阳一带，包括了当时蚌埠集境内。在这次移民的影响下，明洪武年间，山西平阳回族李氏首先移居蚌埠，后有十余姓氏也随之而来，形成回民聚居点。这里是蚌埠历史上最早的移民居住区。

化陂湖与龙子河

化陂湖在虎山西，神山北，湖中有坝，为凤怀往来大路。有官桥，桥东属凤阳，西属怀远。湖广八十余顷，常涸，为居民垦种，仅存三之一。凤阳新书谓宋嘉定十二年，李全败金人于化陂湖即此。官桥下有沟，长十二里，雨水入湖由官桥下东北过张公桥、席家桥至蚌埠西入于淮。龙子河凤书谓其源发于南山至徐家桥北汇为湖，经长淮卫入淮，今自徐家桥而上无迹可寻。神山东南，雨水入黄水塘，东北三里入九里塘。又北三里至徐家桥，过桥九里至曹山西林（今称"凌"）家坝入马村沟又西北三里入淮河。身东西地宨淮水倒灌入淮之故道也。（《凤阳县志》卷之二《舆地·山川·十九》）

蚌埠西南席家沟以上的化陂湖，宋金因隔淮对峙，曾多次在这里交战。最著名的是金兵从涡口渡淮南下，南宋滁、濠、光三州总管李全，率兵和金人在这里激战获胜。宋金短暂的议和停战，把淮河变成了双方隔河而治的军事和行政分界线。南宋政府对北方归正南来的人民给予适当安置，社会相对稳定。绍兴初年，淮河两岸通商贸易非常活跃，随着人口南来北往，沿淮人流频繁，南宋把淮河南岸渡口称为"蚌埠店"，金人统治的淮河北岸被称为"小蚌埠"。

龙子河上游徐桥附近，明代起即为采珠之地，原有一小石桥，最早名为"珍珠桥。以此为界，上游多条山涧源于凤阳诸山，至徐桥之下渐宽，称"龙湖"。入淮河口处，因两河交汇，激起水花，水珠阳光下熠熠生辉，为凤阳八景之一的"蚌水流珠"。见图《蚌水流珠》。

蚌埠集与渡口

蚌埠集在县西北五十里，南岸曰大蚌埠集已废。北岸曰小蚌埠有街市。（《凤阳县志》卷之三·舆地·城池·十三·市集）

蚌埠渡在县西北五十里。

郑家渡在县西北四十五里马村。

西门渡在县西北三十五里西湾。

长淮渡在县西北三十里。

东门渡在县西北二十五里东湾。（《凤阳县志》卷之三《舆地·城池·十九·桥渡》）

朱元璋建立明朝后，凤阳东门渡向西五里设一渡，至蚌埠渡。从此蚌埠自然形成的古渡正式列入官方渡口之中。清朝同治年间设立"三县司"之后，大蚌埠集逐渐被废弃，小蚌埠正街市场商贸逐渐兴盛。

淮夷蠙珠暨鱼

禹贡淮夷蠙珠暨鱼，蔡仲曰："蠙蚌之别名也，珠为服饰，鱼用祭祀，今濠泗楚皆贡淮白鱼，亦古之遗制与。"今凤阳长淮卫至蚌埠二十里内，土人取蚌，往往得珠，间有大者，但不圆耳。淮鱼品类甚多，以白鱼为最，鲤与鳊次之。临淮城内旧多鲫鱼，古之所谓鲋也，大者至四五觔味极美。乾隆二十五年，东城卫陷内水与淮水相通，

此鱼不可多得矣。(《凤阳县志》卷之四《舆地·风俗·三·物产》)

凤阳长淮卫至蚌埠二十里内，土人取蚌，往往得珠，间有大者，但不圆耳。这段记载成为蚌埠今天被誉为"珍珠城"来由。"鱼"即淮河所产的白鱼，大在五斤之上，自先秦时期开始，成为历代的贡品，称"淮白贡鱼"。

南北皆宜，地利养人

百穀之种，宜者甚多，而以为粮者，唯此四种。南乡多水田，宜稻。淮水南北岸多旱地，宜豆与秫麦，则南北皆宜也。外此则近城一带所产烟叶较他处为佳。七八月间，商贩四集，贫民颇资以佐食用之缺。长淮卫北有果园，数顷出梨、栗、桃、榴、柿诸果，而榴为多且佳。南山中多药材，二三月间采药成群。临淮乡出瓜子，夏末秋初，商贩收买，此皆地利之养人者也。(《凤阳县志》卷之四《舆地·风·三·物产》)

蚌埠城郊的淮河以北地区的土壤，适合种植麦、豆等旱作物，以小麦为主要物产。淮以南山丘地区主要分布水稻土，农耕以水田种稻为主。"南米北面"两种不同的农业耕作制度在蚌埠可以共存。麦稻之外，杂粮、果蔬也很丰富。因此，称"南北皆居，地利养人"。

蚌埠东南乡连接凤阳的烟叶，在清朝就已成著名特产，为新中国时期蚌埠卷烟工业得以发展的资源。

清末私盐集散地

法久必变者，盐是也，兹变而票盐。凤民即食票盐无不便也，特行户土销远近，迭售其间，有费稽查耳。

案道光年间，凤阳官盐每斤制钱十四文。时私盐充斥地棍，假名缉私，往往招聚多人，两相仇杀。两江总督陶澍创行票盐，私贩解散。凤临民间食盐购自盐行，价值较贱，惟行户须领部帖方准开设口岸。(《凤阳县志》卷之七《票盐·一》)

淮盐品质优良，历史上曾供应内地八省。清道光年后，黄河北归改道，运河水道变迁，盐制不断改革，淮安河下码头从兴盛走向衰落，由淮阴王家营濒临黄河北岸的西坝取而代之。淮盐从这里经洪泽湖溯淮河而上，由蚌埠直达上游正阳关码头。

由于盐税畸重，贩运私盐成为许多人的营生之计。震撼清廷的雉河集（1865 年改为涡阳）捻军起义，其实就是一些"结捻"同行的烟贩子。当时的小蚌埠，即是宿州至凤阳必经渡淮口岸，同时，又因处在怀远、凤阳、灵璧三县交界，为三不管边陲集镇，于是，也成了"私盐集散地"。

清代光绪五年秋，清政府在沫河口南侧淮河内堤一块突出的高地上建立了沫河口盐卡，它距今已有 130 多年的历史，现存钦立石碑一块，单层建筑一栋，为标准清代建筑风格，现在已经列入安徽省重点文物保护单位。

沫河口设立盐卡，是清朝为充税课而建。当时盐税是国家主要财政收入来源，而淮河又是盐商运输的重要通道。一些盐商为逃避繁重的课税，在经过沫河入淮口时，从沫河绕道而行。为了解决绕、漏盐税的问题，当时的清政府将沫河口只收一般货物课税的关卡改为盐卡。

古诗中的白石山与桃园

《白石山》

明朝　顾伯谦

廓西旧说栖岩寺，孤塔亭亭背小丘。
才是我曹经日往，从来此处几人游。
石间滴沥泉声碎，天际微茫树色浮。
却倚禅关更舒望，暮云楼阁汉宫秋。

(《凤阳县志》卷之十三《艺文上·十五》)

这首诗描写的是今天的蚌埠白石山栖岩寺附近的景色。

《游》

明朝　蔡莲仙

长淮两岸近桃花，绿水青波泛晓霞。

茅店青旗沽酒处，春光占断野人家。

（《凤阳县志》卷之十三《艺文上·三十五》）

明代成化年间，凤阳府在蚌埠设官仓，淮北及蚌埠的各路粮食经长淮卫运凤阳，运粮河两岸遍杨柳桃杏，后朱元璋在此建一大花园，称"桃园"。引来文人墨客留下诗篇。由于长淮两岸多有柳桃相间成林，蚌埠集以西的桃林曾出产贡桃，也称"桃园"。故诗中首句即为"长淮两岸近桃花"。

明太祖加恩桑梓

明太祖崛起田间，加恩桑梓，复其民世，世无所兴，而其后流寇之乱，焚杀劫掠所至靡遗，其祸烈于前代。我朝休养生息，涵煦于百余年之久，民生不见兵革，服畎亩而长子孙。虽周年淮水为灾，饥谨荐告，而圣朝破格蠲赈民鲜流亡，亘古未之有也。故采掘前史及耳目所闻见，凡事在境内者，悉著于篇帙。生长于斯者，知处无事之时享太平之福为可幸也。（《凤阳县志》卷之十五《杂志·纪事·一》）

由于是清朝人编写的县志，所以编写者认为清政府对皖北地区的贡献远胜于明代，事实上明政府对于明初凤阳府的建设也是功不可没，尤其是朱元璋的移民政策和鼓励农业生产的政策为日后凤阳府地区的农业生产恢复和发展奠定了基础。

"生长于斯者，知处无事之时享太平之福为可幸也。"这句话应该是当时凤阳县人民的真实愿望，自南宋末年起，淮河两岸的人民在历史上经常遭受战乱和自然灾害，多灾多难，太平盛世对于人民来说是最大的期盼。

清末"剿捻"，蚌埠多遭兵燹

滨淮为捻匪往来要冲，故陷于贼后，圩总柳玮潜至九湾约官军，未至，为城中贼所觉，率千余人来驻圩。玮夜半以计歼悍贼八百余人，他如接待寺圩、搭湾圩、赵塘营圩、薛家圩、徐府拐圩、洼张圩、坝张圩、田家圩、曹家店圩、徐家庄圩、刘府圩、官地圩、耿家冲圩、武家圩、杏山圩、徐桥王圩、葛家圩、西泉街圩、山沈圩、搬倒井圩、北王圩、十王营圩、药池塘圩、楼子店圩、山马圩、赵家拐圩、靠山集圩共二十七圩，多有频遭贼围，奋力与战，歼贼甚众。（《凤阳县志》卷之十六《杂志·纪事·十》）

咸丰九年（1859年）清军胜保招抚苗沛霖为川北北兵备道台，苗背叛与蚌埠各圩反清相约，策动各圩总投清杀捻。凤阳西南乡至蚌埠南郊（今分别属于蚌山区、经开区）的洼张、杏山、徐桥、沈圩等地毁于战火。

（同治）二年二月，捻首张落刑伏诛，苗沛霖订期散练归农。而山东教匪复炽，王师去，未十日，沛霖复叛，据怀远。贼马时至凤郡城外掳劫，知府文光率所属同练董、刘炳南等防卫，田端书奉谕回籍联络豫胜营以固临淮，西围知县周灏孙率练董、高云鸿、李鸿烈等自春至冬防守不懈。李世忠于鲁山要隘扎营，贼马不敢东下。唐训方联营数十□卫蚌埠、上洪等处。河路粮道被截，我师东退，贼乘势劫长淮卫。

七月，训方攻怀远失利，临淮戒严。

九月，训方令总兵王万清，王才秀军淮北岸图小蚌埠，何绍彩军淮南岸图老蚌埠。

我军进攻怀远要路，苗党张士端于南

北岸筑垒抵拒持久不下，见长濠城各圩散，李世忠之师又来会剿，乃请以蚌埠降，并入怀远为内应。(《凤阳县志》卷之十六《杂志·纪事·十八、十九》)

同治二年六月，张洛行(因当年被清军杀害，故称为"张落刑")在义门(今属涡阳县)被杀害后，苗沛霖再次反清从怀远东进，经蚌埠攻临淮、凤阳。驻守蚌埠的苗捻张士端投降清军，蚌埠再遭兵燹。

苗军从临淮撤军西逃，乱军经蚌埠裹挟地主宋管朝女儿，后为管家陈国旺救回，宋家为感恩于陈，帮助他在蚌埠集建起一片房屋，后成为蚌埠最早的街市。

当年，清廷为加强地处凤阳、怀远、灵璧三县边陲蚌埠的控制，由凤阳府将凤阳马村沟以西，怀远席家沟以东，灵璧后楼一块，拼凑一方划归蚌埠，在小蚌埠正街设"三县司"，隶属凤阳府管辖，为蚌埠最早的地方行政机构。

更正说明

2018年出版的《蚌埠文博》第二辑中，《论大禹精神的现实意义》文章作者"王绍义"应为"沈叶鸣"，特此更正，并向作者及读者致歉。

本书编委会

约稿函

  《蚌埠文博》是一本集文物、历史、考古学与博物馆学等多学科、多领域于一体的综合性文集，是面向文博、考古工作者和相关专业同仁的学术性读物。由蚌埠市博物馆负责征集稿件，并请在专业领域有显著的学术研究成果、做出突出贡献、有较高影响力的专家进行审稿。

  为促进学术研究，加强学术交流，《蚌埠文博》热忱期待您的赐稿，并在此深表感谢。

  一、内容范围

  涉及淮河文化和与蚌埠地区相关的考古学、历史学、文献学、方志学、民俗学及文物研究文章，集学术性、知识性与鉴赏性为一体。

  二、稿件要求

  1. 稿件要求观点明确，逻辑严谨，具有学术价值，文字精练，资料新颖，图文并茂，标题准确，层次清楚。

  2. 文章字数 3000 字左右。引文须核对准确，并写明详细出处，注释统一置于文末。

  3. 稿件应配适量图片，以高清数码相片为宜（请存 JPG 或 TIF 格式），质量精美的线图与拓片亦可。

  4. 来稿请存 WORD 文件（并附作者简介与联系方式），通过电子邮件发送至蚌埠市博物馆馆刊《蚌埠文博》编辑部邮箱（bbmuseum@163.com）。

  5. 稿件收到后通知作者选用与否，若 3 个月内未收到通知，作者可自行处理稿件。因本馆刊编辑部人手有限，来稿恕不退还，请作者自留底稿。

  6. 一经采用，即依国家标准从优付酬。

  7. 凡牵涉作者著作权等知识产权问题，相关责任一律作者自负，与本馆刊无关。

地址：安徽省蚌埠市市民广场西侧
    蚌埠市博物馆《蚌埠文博》编委会
邮编：233000
邮箱：bbmuseum@163.com
电话：0552-3755081